KB205788

말씀이 육신이 되어
우리 가운데 거하시매

(주)죠이북스는 그리스도를 대신한 사신으로
문서를 통한 지상 명령 성취와 하나님 나라 확장을 위해 노력합니다.

말씀이 육신이 되어 우리 가운데 거하시매
© 2023 김기현

이 책의 저작권은 저자와 (주)죠이북스에 있습니다. 신 저작권법에 의하여 한국 내에서 보호받는 저작물이므로 무단 전재와 무단 복제를 금합니다.

말씀이 육신이 되어 우리 가운데 거하시매

한 신학자의 영성 고전 읽기

김기현 지음

죠이북스

차 례

2부

우리 가운데 거하시매

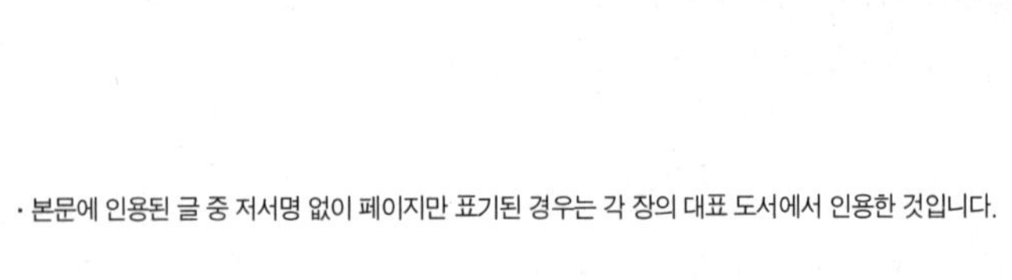

• 본문에 인용된 글 중 저서명 없이 페이지만 표기된 경우는 각 장의 대표 도서에서 인용한 것입니다.

서문

말씀이 육신이 되었다. '영'이신 하나님은 '육'이자 '말'이자 '책'이다. 예수 그리스도를 통하지 않고는 아버지 하나님에게로 이를 길이 없다면, 성경을 통하지 않고는 예수를 만날 수 없다. 육체로 오신 주님을 눈으로 볼 수도, 손으로 만질 수도 없으나 그분을 오감으로 만나는 길이 있으니, 말씀이 되신 주님뿐이다. 그렇기에 영성은 보이지 않는 하나님을 몸으로 살아내는 일이고, 말과 책인 성경을 읽는 행위다. 그리스도인에게 영과 책과 삶은 하나다. 과도한 단순화의 위험을 무릅쓰고 공식으로 만든다면, '영 = 삶 = 책'이다.

독서는 영성 훈련에서 잃어버린 기술이 되었다. 기독교인이 반지성적이라는 비판은 충격적이다. 아우구스티누스와 아퀴나스, 루터와 칼뱅, 파스칼과 키르케고르, 그리고 도스토옙스키의 후손인 우리가 어쩌다가 반지성주의의 집단이 되었을꼬. 뭔가 잘못되어도 한참 잘못되었다. 이것은 읽지 않아서다. 성경을 읽지 않고, 책은 더 멀리한다. 그 잃어버린 기술을 회복할 때, 우리의 영성은 더 단단해지고, 구름같이 허다한 저 믿음의 지성인들을 볼 면목이 생긴다. 단, 독서가 영성 훈련의 전부는 아니다. 일부다. 그러나 중요한 일부다.

내가 가려 뽑은 고전에는 영성서만이 아니라 문학책도 여럿 담겨 있다. 도스토옙스키와 톨스토이, 엔도 슈사쿠와 앙드레 지드의 책이 그것이다. '기독교 + 영성'이라는 딱지가 붙은 책만이 아니라 문학, 철학의 고전에서도 웅숭깊은 영성의 샘물이 있다. 개신교 전통의 작품이 다수지만, 가톨릭과 동방 정교회의 작품도 넣었다. "닫는 책: 나만의 영성을 찾아서"에서 말했듯, 우리네 영성이 좀 더 넓고 다양해지길 바라서다.

또한 고대의 고전과 현대의 저술을 망라하려 했고, 신비주의 전통과 지성주의를 대표하는 저술도 담았다. 과문한 탓에, 한국인 저자의 작품이 없다. 우리 고유의 전통과 영성가들의 이야기는 다른 저자의 작품을 읽어야 하겠다. 빠진 책도 있다. 토마스 아 켐피스의 「그리스도를 본받아」와 로렌스 수사의 「하나님의 임재 연습」이 그것이다.

이 책은 "한 신학자의 고전 읽기" 3부작 중 두 번째로, 첫 책 「곤고한 날에는 생각하라」(죠이북스 펴냄)는 인문 고전 읽기이고, 마지막 책은 무신론 고전 읽기가 될 것이다. 왜 신학 고전이 없느냐고 물어 온다면, 김희림과 함께 쓴 「부전 자전 고전」(홍성사 펴냄)이 있다. 고전(古典)은 고전(苦戰)을 면치 못한다고 썰렁한 농을 치기도 하지만, 그렇게라도 읽을 가치가 있다. 그만큼 성장하기 때문이다. 낑낑대며 거인의 어깨 위에 힘겹게 올라간 난쟁이가 본 것을 당신도 볼 수 있기를 바란다.

독자를 위해 "함께 읽을 책"을 추가했다. 「곤고한 날에는 생각하라」를 읽은 독자들에게 이 부록이 좋았다는 피드백을 종종 받는다. 무릇 독서는 꼬리에 꼬리를 무는 법. 스무 권의 영성 고전을 읽으면서 자신의 마음과 영에 포물선으로, 때로는 수직 낙하하며 내리꽂히는 책이 있을 터. 그 책과 저자를 물고, 빨고, 핥고, 씹는 독서는 우리를 엠마오로 가는 제자의 자리로 이끈다.

그러나 곁들어 읽을 책을 추천하는 일은 조심스럽다. 나의 극히 주관적인 목록이기 때문이다. 내가 읽은 것 중에서 골랐다. 줄기 하나 붙잡고 당기면 고구마가 줄줄이 끌려 나오듯, "함께 읽을 책"을 실마리 삼아 읽어 가면서, 자신만의 도서 목록을 완성하기를 기대한다. 그리고 이 책을 함께 읽는 벗들이 있다면, 더 깊은 독서로 나아갈 것이다.

글 쓰는 이에게는 글을 발표할 공간이 소중하다. 그리고 마감 날짜를 알려 주며 부드럽지만 강하게 옆구리를 찔러 주는 이가 없다면 어느 세월에 글을 끝낼지 모른다. 글을 실어 준 월간지 〈빛과 소금〉과 연재 담당이던 이승연 기자에게 감사를 전한다. 그리고 출간을 결정해 준 출판사에도 감사하다. 이번이 19번째 책인데, 무려 6권을 출판해 주었다. 그러고 보니, 나는 죠이북스와 함께 성장했다. 독자들도 죠이북스와 함께 발전하면 좋겠다.

저자에게는 좋은 편집자를 만나는 것이 복 중의 복이다. 이 책에는 편집자의 보이지 않는 손길이 어느 때보다도 많이 작동하고 있다. 몇 개의 원고는 이전 책의 것과 유사하다는 이유로 단칼에 날렸고, 나로서는 너무 당연해서 마구 건너뛴 부분을 용케 잡아내서 좀 더 친절하게 설명해 달라고 닦달하고, 몇 군데는 편집자가 직접 문장을 써 주기도 했다. 저자 같은 편집자에게 감사드린다.

내게는 최고의 교정팀이 있다. 로고스서원 글쓰기 학교 1년 과정을 졸업한 분들로, 내 원고를 마치 제 글인 양 애정을 담아 읽고 고쳐 주었다. 글쓰기 학교 수업을 하면서 매번 빨간 펜으로 첨삭해서 돌려주었는데, 내가 한 대로, 아니 그 이상으로 원고를 딸기밭으로 만들었다. 이 책이 술술 읽힌다면, 교정팀의 헌신 덕분이다.

충남 서산에 있는 꿈의학교 교사이자 목사인 강창석 선생님, 나랑 동명이인인 대전 함께꿈꾸는교회의 김기현 목사, 용인 전대중앙교회의 김기형 목사, 성서유니온 대구 지부 총무였던 김정희 전도사, 안성의 우리동네노인주간보호센터 이혜주 센터장, 춘천 은혜더하는교회의 최병유 목사, 신학 공부에 입문한 최설미 집사, 동화책 읽기로 두 권을 출간한 초등학교 교사 황진숙 선생님. 이 공간을 빌려 인사를 전한다. “고맙고 고마워요.”

무엇보다도 내 몸이자 나와 함께 살아가는 아내 이선숙, 아들 김희림, 딸 김서은에게 사랑을 전한다. 책 쓰는 남편/아빠라서 자랑스러워하고 엄지척을 날리지만, 책밖에 모르는 남편/아빠라서 다른 모든 일에 서툴고 어설픈데도 참아 주는 사랑을 발휘하여 주었다. 마찬가지로 “성경을 읽고, 성경을 믿고, 성경을 살고”라는 구호를 외치며 사역하는 로고스교회 식구들은 그리스도의 몸을 함께 이루어 가는 중이다. 책 쓰는 목사로 공동체의 지지와 신뢰를 받는 난, 참 행복한 목사다.

원고를 매만지며, 나는 때로 따뜻했고, 시원했고, 서늘했다. 조금 더 깊어지고, 한 걸음 더 나아갔다. 내가 쓴 글이 다름 아닌 글 쓴 자신의 마음을 데우지 못한다면, 수만 권이 팔리고 읽혀도 내게 무슨 소용 있으랴. 다 헛되고 헛되다. 내 가슴을 따뜻하게 해준 이 책이 내게 그러했듯, 독자들의 영혼을 위로 향하게 하고, 안을 돌아보게 하고, 밖을 향해 힘차게 나아가게 하는 힘이 되기를 바라고 바란다.

부산에서 김기현

여는 책

몸의 영성을 찾아서

아타나시우스의 「말씀의 성육신에 관하여」 읽기

말의 쓸모없음에 관하여

나는 말쟁이다. 말로 먹고산다. 어딜 가나 말을 하고, 사람들은 내 말을 경청한다. 딸의 말에 따르면, 나는 "돈 받고 말하는 사람"이다. 교회에서도, 대학에서도 말한 것으로 돈을 받는다. 김훈은 "밥벌이의 지겨움"을 말하지만, 나는 그 지겨움을 서러움과 설렘으로 바꾸어 읽는다. 어제나 오늘이나 변함없이 같은 일을 무한 반복하는 일은 정녕 지겹지만, 하나님 같은 돈 한 푼 벌기 위해 자존심은 진즉에 주머니에 구겨 넣고 사는 비루한 인생이니 어찌 아니 서럽고, 그 돈벌이가 내게 밥이 되고 가족에게도 밥이 되니 어찌 아니 좋으랴.

내게는 말이 '밥'이자 '돈'이자 '힘'이다. 그러나 그 '말'이 얼마나 쓸쓸한지도 안다. 내 말이 듣는 이의 마음과 삶에 적중하지 못하고 나에게조차 힘이 되지 못하는 경우가 비일비재하다. 그래서 유진 피터슨과 마르바 던은 「껍데기 목회자는 가라」(좋은씨앗 역간)에서 목사를 일컬어 불필요한 존재라 했겠다. 말만 떠벌릴 줄 알지, 실제 삶에 그다지 쓸모 있거나 유용하지는 않은 게다.

배가 난처한 상황에 부닥쳤을 때, 사제로서 일할 거리를 찾아 어슬렁거리는 헨리 나우웬에게 선장은 쏘아붙인다. "쓸데없이 얼쩡거리지 말고 얼른 나가 주시지요." 그러나 곧 선장도 '아차' 싶었는지, 기도해 달라는 말을 덧붙인다. 이리도 말은 헛되고 헛되며, 헛되고 헛되다. 말하는 자는 무용하고, 무용하고, 또 무용하다.

누구보다 그것을 잘 아는 이는 내 아내다. 아내는 종종 이렇게 묻는다. "왜 목사들은 자기가 말한 대로 된다고 생각해? 그리고 왜 꼭 그렇게 되어야 한다고 착각하지? 자기도 말한 대로 안 하면서 말이야." 실은 '질문'이 아니라 '질타'다. 저 말에서 '목사'가 누구겠는가? 자신도 말한 대로 살지 않으면서 남에게 요구하고, 그렇게 하지 않는 이들을 보며 비분강개하는 목사가 누구겠는가? 바로 나다.

자주 내게 묻는다. "네 말이 네 영혼에 밥이 되는가? 그렇지 않은데도 말하려는가?" 내가 내게 답한다. "하나님이 말씀이시기에 나는 말하지 않을 수 없다." 종종 나를 꾸짖는다. "말씀이 육신이 되었듯이, 몸뚱이로 살아내지 않는 한, 너는 언제까지나 주리고 헐벗은 영혼일 뿐"이라고.

말씀으로 세상에 대항한 사람

내 영혼의 MRI 결과를 권위 있는 교부의 목소리로 듣는 것이 약간 서글펐지만, 한편으로는 기쁘기도 했다. 약관 서른에 로마 제국에서 세 손가락 안에 드는 알렉산드리아 교구의 주교가 될 만큼 리더십이 탁월하고, 주교를 지낸 46년 동안 다섯 차례에 걸쳐 유배당하고 그 기간이 무려 17년이나 될 만큼 권력에 굴하지 않은 진정한 프로테스탄트, 신약 성경 스물일곱 권을 정경으로 확립한 성경의 사람, 이단이던 아리우스파와의 대결로 교리를 확립하고 체계화한 신학자, 그가 바로 아타나시우스(Athanasius, 293?-373)다.

아타나시우스의 묘비명은 그가 어떤 교부인지를 여실히 보여 준다. "세상에 대항한 아타나시우스"(*Athanasius contra mundum*, 17쪽). 그가 저항한 세상은 어떤 곳이었는가? 그는 어떤 방식으로 대항했는가? 그가 싸운 세상은 세 전선으로 펼쳐져 있다. 성경적으로는 '유대교', 교회 안으로는 '이단', 교회 밖으로는 '헬라주의 일파'로, 그는 이 세 전선에서 일평생 투쟁했다. 그런 세상에 대항하기 위해 그가 사용한 무기는 '말씀', 곧 '말'이었다.

세 전선의 적대자들이 지닌 공통점을 꼽자면, 하나같이, 그러나 다양한 이유로 육신이 된 그리스도를 부정하거나 약화했다는 것이다. 육신이 된 신(神)을 신앙하는 기독교를 스스로 비하하고(아리우스), 비웃고(유대인), 조롱하는(헬라인) 무리를 향해 아타나시우스는 자신이 가진 모든 자원을 동원하여 방어하고 공격한다. '육화'는 몸이 성스럽기에 '성육신'이고, 인간을 구원하기에 찬미해야 마땅한 '신비'다.

「말씀의 성육신에 관하여」(*On the Incarnation*, 죠이북스 역간)는 저 세 개의 세상과 벌인 전투의 흔적이자 승리의 자취다. 말씀이 육신이 되었다는 요한복음 1장 14절을 기준 삼아 말씀이 육신이 되신 이유를, 아니 육신이 되실 수밖에 없는 필연성 혹은 신비를 이 책에서 찬찬히 뜯어보면서, 왜 나의 말은 무력하고 무용한지, 그리고 어찌해야 내 말이 유력하고 유용해지는지를 배울 수 있었다.

성육신은 사랑이다

아타나시우스는 먼저 이 힘겨운 전투를 위한 교두보 확보에 나선다. 바로 '창조', '타락', '구속'이다(1-5장). 그는 하나님의 '창조'라는 시원(始原)으로부터 '타락'의 역사를 일별하고, 구주의 '구속'의 은혜를 요약한다. 하나님이 말씀으로 창조하셨다, 세상을. 물질적 세계를 말이다. 그러므로 창조된 육체는 선하다. 그러나 인간은 하나님 말씀에 불순종하여 타락하였다.

예수 그리스도의 죽음과 부활은 또 어떠한가. 몸의 죽음이고, 몸의 부활이다. 십자가에서 돌아가신 것은 그분의 몸이다. 그냥 '부활'

이라고만 말하는 것은 부족하다. '몸의 부활'이라고 해야 한다. 기독교는 말씀으로 존재하시는 하나님, 육체로 존재하시는 하나님을 믿는 신앙이다.

그러므로 육체로 오신 것을 부인하는 자는 모두 이단이다. "미혹하는 자가 세상에 많이 나왔나니 이는 예수 그리스도께서 육체로 오심을 부인하는 자라 이런 자가 미혹하는 자요 적그리스도니"(요이 7절). 해서, 사도 신조는 "몸이 다시 사는 것"을 믿는다고 고백하지 않는가. 오신 것도 몸이요, 죽은 것도 몸이요, 다시 사는 것도 몸이다.

손수 만든 걸작이 손상되는 것을 더는 볼 수 없던 하나님은 딜레마에 빠지실 수밖에 없었다. 비기독교적 헬라의 세계관으로 보자면, 딜레마다. 거룩한 신이 더럽고 추한 물질인 인간의 몸을 취한다는 것은 논리적으로 말이 안 되고(헬라인), 신학적으로는 신성의 변질이며(아리우스), 역사적으로는 아름답고 고귀한 것이 아닌 비루하고 비천한 신분을 갖는 것이었다(유대인). 이들의 눈으로 보면 하나님은 이러지도 저러지도 못할 함정에 빠지신 셈이다.

허나, 하나님에게 그것은 옴짝달싹 못할 덫도 늪도 아니다. 누가 뭐래도 하나님이 창조하시고 사랑하신 세상이 아니던가. 그 무엇과도, 누구와도 바꿀 수 없는 당신의 자녀가 아니던가. 그분은 몸소 인간이 되셨다. 그리고 사람들이 악하고 추하다고 하는 몸이 되는 데 어떤 구애도 받지 않으신다. 그렇다. 육화가 어디 논리인가, 사랑이지. 인간을 구원하려는 하나님의 미친 사랑인 게지. 찬양받아 마땅한 사랑이다.

아타나시우스가 대항한 세 가지 전선

아타나시우스가 대항한 첫 번째 전선은 아리우스파다. 아리우스주의자들은 몸으로 오신 하나님을 받아들이길 꺼린다. 육체는 신적인 것에 비해 열등하기에 몸을 취하신 예수는 신(神)일 수 없다. 그리하여 예수가 몸이 되어 오셨기에 인성을 지녔다면 하나님으로서의 신성을 부정하지 않을 수 없다. 아타나시우스가 보기에 아리우스주의자들은 하나님의 창조를 부정하는 자, 인간이 되지 않으면 인간을 구원할 수 없다는 진실에 무지한 자다. "창조와 구원 사이에는 모순이 없다"(22쪽). 하나님이 인간을 창조하신 것과 그분이 인간이 되셔서 인간을 구원하시는 것 사이에는 어떤 대립도 없다.

아타나시우스의 두 번째 전선은 유대인이다(6장). 유대인들은 이미 사도 바울이 로마서에서 말한 대로 엄청난 혜택을 누렸다. 그들의 조상은 아브라함이다. 그들은 율법을 받았고, 하나님의 특별한 사랑을 입었다. 헌데도 그들은 메시아를 배척했다. 왜? 몸으로 오신 구주가 마땅치 않아서다. 그들이 기대한 메시아는 '다윗'이다. 왕이면 왕 같고 구원자면 구원자 같아야 하는데, 십자가에 매달려 저주받아 죽은 자는 결단코 메시아일 리 없다고 애써 부인했다.

아타나시우스는 유대인의 맹점을 '불신앙'이라고 본다. 주께서 엠마오로 가는 길에 더디 믿는 제자들을 꾸짖고 꼼꼼히 설명해 주신 것처럼, 그는 성경을 풀어 준다. 주님이 모세와 예언자와 시편을 근거로 몸으로 오시고, 해를 받으시고, 다시 살아날 것(눅 24:26)을 풀이할 때 마음이 뜨거워졌다는 구절의 4세기 버전이라 하겠다. 주야로 읽고 또 읽으면서도 깨닫지 못함은 무슨 연유일까? 자기 몸을 희생하신 주님처럼, 몸으로 사랑하는 희생이 죽어도 싫으니까 보고도 못 본 척, 애써 외면한 것은 아닐까?

마지막 세 번째 전선은 플라톤(Platon, 주전 428?-347?)으로 대표되는 헬라주의자의 세계관이다(7, 8장). 이들은 한사코 하나님의 창조를 부정하려 든다. 그러나 교부는 이들의 논리적 허점을 집요하게 파고든다. 그들의 논리를 일관되게 밀어붙여, 그들의 논리로 창조와 몸을 긍정하는 전략을 취한다. 그들은 '우주가 한 몸'이라고 말한다. 그렇다면, 감각 대상인 몸을 통해, 몸을 넘어 신에게로 이르는 길은 정녕 있다. 만약 몸 없이는 신을 감각 기관으로 감지할 수 없다면, 어찌하여 하나님이 몸이 될 수 없느냐고 따진다.

어처구니없게도 몸을 부정하는 자들은 다른 헛것을 좇는다(8장). 실재하는 몸은 멀리하면서, 부재하는 헛된 것을 숭배한다. 가짜 몸인 우상을 섬기고, 마술을 신뢰하고, 귀신을 두려워한다. 몸의 부정은 자기 부정이며 거짓 몸을 숭배하게 한다. 정녕 "말씀이 육신이 되어 우리 가운데 거하시[거늘]"(요 1:14), 그래서 우리는 그 속에서 하나님을 보거늘, 그들은 하나님 아닌 것에서 하나님을 찾다가 스스로 망하고 만다.

말은 몸, 몸은 말

원제가 "육화에 관하여"(*On the Incarnation*)인데도 역서의 제목을 "말씀의 성육신에 관하여"라고 붙인 것은 이 책의 핵심 포인트를 반영한 결과일 터. "말씀이 인간이 된 일과 그분이 우리 가운데 신적으로 나타나신 일에 대해 생각해 보아야 한다"(21쪽). 그러니까 말씀이 육신이 되신 것을 다루기에 저리 제목을 잡았을 테다. 하나님은 말로 존재하시고, 몸으로 존재하신다. "말=몸"이다. 말에 몸이 없으면 공허하고, 몸에 말이 없으면 맹목이다.

강조하기 위해 어쩔 수 없이 구분했지만, 실상 둘은 하나다. 말 없는 몸은 동물일 테고, 몸 없는 말은 귀신의 것일 테다. 거칠게 말해서 아리우스주의자와 헬라주의자가 몸 없는 말을 선택했다면, 유대주의자는 십자가에서 죽는 몸이 아닌 고상하고 격조 높은, 이른바 '몸짱'을 생각했나 보다. 그러기에 십자가에서 버둥대고 비틀대며 죽어 가는 주님을 보면서 비웃기만 했을 터.

허나, 육화는 놀라거나 놀릴 일이 아니라 이성적인 일이다. 교부께서 보기에 그 진리는 큼지막한 "대문자"(18쪽)처럼 쓰여 있어서 어린 아이도 퍼뜩 읽을 수 있으리만치 쉽다. 그런데도 육화를 왜 이리도 어려워할까? 이 책은 그것이 지적인 문제 이상으로 실천, 즉 삶으로 살아내는 것과 직결되어 있다고 말한다. "하나님이 예비하신 이것은 경건한 삶을 살며 그리스도 예수 우리 주님 안에서 하나님 아버지를 사랑하는 사람들을 위한 것"(145쪽)이기 때문이다. 하나님의 진리는 믿고 순종하는 자에게 당신을 열어 주신다. 그리스도인의 말은 그냥 말이 아니다. 삶으로 살아낸 것을 말로 전한다. 그렇기에 말에는 삶이 있고, 힘이 있다. 말하는 바로써 자신의 성품을 함양하고, 행동을 변혁한다.

'내 안에 무지한 아리우스파가 있었구나. 비웃는 유대인이 살고, 조롱하는 헬라인이 들어앉았구나. 말씀과 설교는 귀하고 삶은 천하다는 속물적 관념에서 헤어 나오지 못했구나.' 이 책 서문에서 C. S. 루이스가 말한 대로 "시대의 추세와 함께 요동하지 않았다는 것이 아타나시우스의 훌륭함"(17쪽)일진대, 오래전에 죽었음에도 지금까지 그의 글이 읽힌다는 것이 정녕 그의 상급일진대, "선한 삶과 정결한 영혼, 그리고 그리스도를 좇아 행하는 덕행"(145쪽)을 따르는 말쟁이로 살라고 우리를 유혹한다, 이 책은.

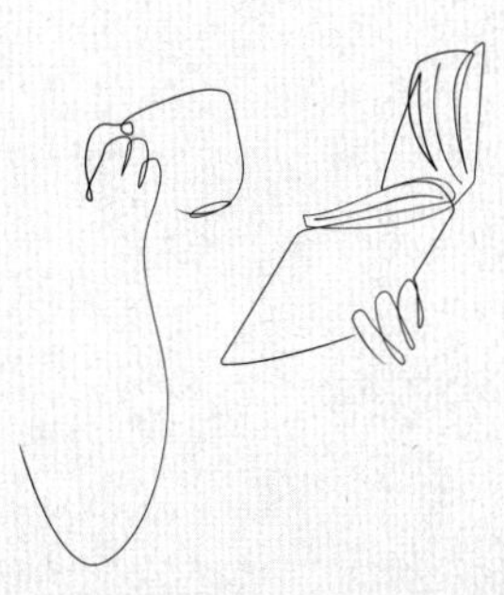

1부

말씀이 육신이 되어

1장

하나님을 찾아서

아우구스티누스의 「고백록」 읽기

아우구스티누스에게로 가는 길

나는 왜 아우구스티누스(Aurelius Augustinus, 354-430)를 이리도 사랑하는 걸까? 스피노자(Baruch Spinoza, 1632-1677)가 '신에 취한 자'이고자 했다면, 나는 신에 미친 자다. 하나님 없이는 살 수 없다. 하나님에게 미친 정도만큼은 아니지만, 그에 못지않게 나는 왜 이리도 아우구스티누스에게 푹 빠져 있는 걸까? 아우구스티누스 없이도 하나님을 믿는 신앙에 별 지장이 없지만, 그가 없으면 나의 신앙은 조각을 잃어버린 원이라고 해야 할까? 아무튼 아우구스티누스는 내게 그런 존재다.

왜 그럴까? 감히 말하자면, 아우구스티누스가 나를 닮았기 때문이다. 진실을 말하자면, 아우구스티누스 속에서 나를 보기 때문이다. 「고백록」(*Confessiones*, 대한기독교서회 역간)에 나타난 그의 삶 이야기 가운데 많은 부분이 마치 내 이야기를 읽는 듯했다. 나는 "야곱은 나이고, 나는 야곱이다"라고 말하곤 하는데, 아우구스티누스 속에도 내가 있다. 사실 아우구스티누스의 영적 여정과 삶의 이야기는 평범한 많은 그리스도인의 자화상이다.

이 책은 총 열세 권으로 구성되어 있다. 인쇄술이 발달하기 전인 고대와 중세에는 지금 우리가 '장'(chapter)이라고 일컫는 것이 책 한 권이었다. 즉 이 책 안에 열세 권이 있는 것이다. 성경도 그렇다. 지금 갖고 있는 성경의 표지를 보라. "성경전서." 한 책 안에 예순여섯 권을 수록하고 있다는 말이다. 그러니 '권'을 '장'으로 이해하면 된다.

1-9권은 아우구스티누스의 자전적 이야기다. 이교도인 아버지와 기독교인 어머니에게서 태어나 그 사이에서 방황하며 하나님을 찾고, 자신을 찾고, 진리를 찾아가는 여정을 그린다. 그는 어머니의 종교인 기독교를 떠나 오랜 방황의 시기를 보낸다. 육체적으로는 성적인 욕망으로, 지적으로는 세속적 성공에 대한 갈망으로, 영적으로는 진정한 삶의 의미와 진리를 발견하기 위해 분투하는 여정을 빼곡히 기록하고 있다. 마니교와 플라톤주의를 거쳐 위대한 스승 암브로시우스(Ambrosius, 339-397) 감독을 만나고, 무화과나무 아래에서 성경 읽기를 통해 극적으로 회심한다.

10권부터는 분위기가 앞부분과 확연히 달라진다. 앞은 스토리텔

링이었다면, 10권부터는 학술 논문 격이다. 뒷부분까지 읽으면 좋지만, 앞부분만이라도 반드시 읽으면 좋겠다. 그렇지만 위대한 스승에게는 위대한 계획이 있다. 그는 자기 삶의 이야기가 '기억'이었음을 깨닫는다. 삶은 곧 기억이니까. 살아온 과거를 기억한 것이 자서전이니까. 그 삶을 어떻게 기억하느냐에 따라서 삶은 다르게 읽힌다.

기억이라는 주제를 다룬 이후에 11-13권에서는 창조와 시간을 말한다. 내가 누구인지, 어떤 삶을 살았는지를 말하기 위해서는 기억을 말해야 하고, 그 모든 것의 시원점인 창조까지 밀고 올라가야 하기 때문이다. 그리고 산다는 것은 시간을 산다는 것과 같다. 시간 사용이 곧 인생을 잘 사는 방법 아니겠는가. 물론, 아우구스티누스는 '시간이란 무엇인가'라는 시간의 본질을 캐물으면서, 종내에는 자신을 창조하신 하나님 안에서 진정한 평안을 누리는 것으로 이 위대한 작품을 마무리 짓는다.

「고백록」의 위대함을 찬양하는 데는 꽤나 많은 시간이 걸린다. 영성과 관련해서 두 가지만 말하자. 영성은 '말씀이 육신이 되는 삶'이고, 하나님을 말하는 것은 삶으로 살아내는 것이어야 한다. 고로, 하나님을 말하려면 반드시 내 삶의 이야기를 해야 한다. 하나님 없이는 우리네 삶을 해석하는 기준이 사라지고 만다. 오늘날 '이야기 신학' 혹은 '내러티브 신학'이라고 하는 것도 아우구스티누스와 「고백록」에서 출발한다.

또 하나의 특징은 '고백'이라는 형식이다. 말이 '고백'이지 들여다보면, 찬양이고 대화다. 하나님을 기리는 노래이고, 하나님과 나누는 대화다. 하나님을 찾는 자, 하나님을 살아내는 자는 하나님을 냉담하게 말하지 않는다. 사랑하는 연인도 추앙하거늘, 하물며 하나님이랴. 가능한 모든 수사를 동원해서 숭배하기를 마다하지 않는다. 또한 하나님의 일방적 훈계만도 아니고, 홀로 중얼거리는 독백만도 아니다. 하나님과 나는 쌍방 관계이기에 두런두런 말이 오갈밖에.

자, 그럼 무엇 때문에 나는 아우구스티누스의 생애를 이전에도 있었고, 지금도 있고, 앞으로 올 많은 세대의 신자에게 신앙과 삶의 전형이자 모델이라고 확언하는 것일까? 아우구스티누스의 이야기가 왜 우리의 이야기일까?

하나님에게로 가는 아우구스티누스의 길

아우구스티누스가 하나님에게로 가는 길은 멀고도 길었다. 그의 여정은 19세 때 읽은 책에서 시작된다. 바로 철학하는 삶, 곧 지혜를 사랑하는 삶을 권하는 키케로(Marcus Tullius Cicero, 주전 106-43)의 「호르텐시우스」(*Hortensius*)다. 이 책(키케로의 친구인 웅변가 호르텐시우스의 이름을 따서 지은 책으로 지금은 현존하지 않는다)을 읽고 우리의 주인공은 세상과 함께 사라지지 않는 불멸의 지혜에 대한 욕구가 생긴다. 그때는 몰랐다. 진리에 대한 열망이 곧 하나님에 대한 목마름인 것을(3권 6장 11절).

그러나 아우구스티누스는 어머니의 신앙인 기독교가 아닌 마니교를 좇게 된다. 기독교가 설명해 주지 못하는 것들을 마니교 안에서 해결할 수 있다고 착각했기 때문이다. 이 고대 종교는 아우구스티누스의 두 가지 고민을 명쾌하게 해명해 주었다. 바로 진리의 합리성과 세상의 비합리성이다. 둘은 상반된 진실이지만, 어느 하나도 버릴 수 없다.

아우구스티누스는 세상의 비합리성에 천착한다. 즉, 악과 고난의 문제다. "신은 선한데 왜 악이 존재하는가?" "왜 착한 사람들이 더 고통당하는가?" 마니교의 대답은 간단하다. "선한 신과 악한 신의 영원한 대립과 투쟁!" 이 대답대로라면 선과 악의 기원과 존재도 깔끔하게 설명된다. 악은 악신에게서, 선은 선한 신에게서 비롯된 것이다. 하지만 이 논리가 지닌 치명적 결함이 하나 있으니, 선의 승리를 장담하지 못한다는 것이다. 인류가 존재하는 한 선악의 투쟁이 끊이지 않는다면, 우리는 대체 언제까지 악과 싸우기만 할 것인가?

진리의 합리성에도 마찬가지 결함이 있었다. 마니교의 이론은 "수학적 이론이나 나 자신의 관찰에 일치하지 않았다"(5권 3장 6절). 그가 바라본 하늘, 즉 천체는 선과 악의 대결장이라기에는 황홀하다. 미치도록 아름답다. 질서정연하게 조화를 이루어 운행하는 자연을 바라보면서 그는 선과 악의 투쟁이 아닌 선의 승리와 주도권을 확신할 수 있었다. 결국 아우구스티누스는 자연스럽게 마니교 탈주를 감행한다.

수학적 직관이나 과학적 관찰과 맞지 않는 교설을 외치는 마니교를 떠났기에 아우구스티누스가 이해한 하나님의 창조는 오늘날의 자연 과학과도 잘 맞아떨어진다. 그는 창조 시점인 "태초에"를 통해 시간도 하나님이 창조했다고 주장한다. 창조된 이상, 그것은 신적인 것이 아니며, 신적인 것이 아니기에 절대적일 리 없고, 상대적일 수밖에 없다. 이는 최신 과학 이론과도 잘 맞아떨어진다. 뉴턴 시대까지만 해도 시간과 공간은 절대적인 것으로 이해했으나, 아인슈타인에 이르러서는 둘 다 상대적인 것으로 밝혀졌다. 성서 해석과 신학적 성찰이기는 하지만, 천 년을 뛰어넘는 성취이자 선취인 셈이다.

성경 전체, 특별히 창세기 1장을 설명하는 데 있어서 현대 과학의 논의와 동떨어지거나 그에 반하는 방식을 주장하는 것은 위험하고 불필요하다. 고대 말기에는 기독교가 과학적이기에 믿었고, 그래서 아우구스티누스가 존재했다면, 지금은 기독교가 반과학적이라고 조롱받고, 그래서 미래의 아우구스티누스가 될 싹이 기독교를 떠나는 것은 아닌지 염려스럽다.

마니교를 떠난 아우구스티누스가 곧장 기독교로 귀의한 것은 아니다. 그는 여전히 세상과 육체적 욕망에 불타오르고 있었다. 세상을 다 파악할 듯한 이분법의 세계가 무너지자 그는 어찌할 바를 모르고 방황한다. 그리고 끝내 회의주의에 빠져든다. 확고부동하다고 여긴 진리가 파괴된 마당에 더는 진리를 찾는 노력, 진리 자체의 존재를 회의하는 일은 무의미하다. 그렇다고 그것이 마냥 부정적이지만은 않았다. 오히려 회의주의는 아우구스티누스가 진리에 이르는 필수 불가결한 여정이 되었기 때문이다.

인간은 진리의 전모를 파악하기에는 유한한 존재인 까닭에 한 번쯤 의심을 거쳐야 한다. "내가 믿는 하나님이 참 하나님일까?" "내가 이해하는 하나님이 성경이 말하는 하나님일까? 내 욕망을 투사한 하나님은 아닐까?" 우리 그리스도인은 이런 질문을 자주 던져야 한다. 나의 성경 묵상과 연구도 결국 성경에 대한 하나의 해석일 뿐, 유일한 것도 전체도 아니다. 나는 인간이다. 수많은 사람 중 한 명일 뿐이다. 그 사실을 알기에 아우구스티누스는 자신의 성경 해석이 많은 해석 가운데 일부라는 것을 겸허히 인정하고, 그 모든 해석을 판단하는 척도는 다름 아닌 "사랑"(12권 32장 43절)이라고 생각했다. 회의의 시기를 거친 자다운 말이 아닐 수 없다.

그러나 아우구스티누스는 회의론에 오래 머물지 않았다. 의심한다는 것은 무언가를 믿는다는 것을 전제한다. 그는 무언가를 믿고 붙잡아야 했고, 무언가를 딛고 서 있어야 했다. 그에게 그것은 바로 '신플라톤주의'였다. 그에게 플라톤은 약속의 땅으로 인도하는 그리스의 모세였다. 아우구스티누스는 성육신의 신비를 제외한 모든 것을 플라톤에게서 배웠다고 해도 과언(7권 9장 13절)이 아니다. 이를 통해 그는 눈에 보이지 않는 진리와 생명, 초월하고 영원불변하는 존재에 대한 확신을 얻게 되었다.

어떤 이들은 인문주의가, 인문학이 기독교를 망친다고 말한다. 완전히 틀린 말은 아니다. 아우구스티누스만 봐도, 그의 과도한 플라톤주의는 기독교를 내면화한 과오가 없지 않다. 해서, 인문학을 무조건 수용할 것이 아니라 비판적 거리를 유지하면서 대화를 나누어야 함이 옳다.

마찬가지로 아우구스티누스를 보면, 그가 철학을 공부했기에 하나님에게로 나아가는 새로운 길이 열린 것 또한 분명하다. 예수를 믿는 것은 이성을 넘어서는 일이지만, 이성을 벗어나는 길도 아니다. 그 길이 바로 아우구스티누스가 이미 뚫고 나간 길, 열어 놓은 길이다. 그 길 위에 서 있어야 다른 길, 새로운 길로 이어지지 않겠는가.

하나님에게로 가는 나의 길

하나님에게로 가는 길이 왜 이토록 힘든 것일까? 내가 나를 싫어하기 때문이다. "나 자신을 살피기 싫어서 이때까지 내 등 뒤에 놓아두었던 나를 당신은 잡아떼어 내 얼굴 앞에 갖다 세워 놓으셨습니다"(8권 7장 16절). 하나님을 떠나 달아날 곳이 없듯이, 나 자신을 피해 숨을 곳도 없다. 하나님을 만나야 나와의 불화가 해결되고, 오롯이 내가 나 자신이 될 때 신앙은 한층 성숙해지는 법이다. "나는 나 자신으로부터 떠나 있었으므로 나 자신을 찾을 수 없었으니, 하물며 당신을 어떻게 찾을 수가 있었겠습니까?"(5권 2장 2절)

그렇다. 아우구스티누스에게 하나님을 만나는 것, 자신을 아는 것, 그리고 진리를 추구하는 것, 이 세 가지는 별개가 아니라 하나다. 이 세 가지는 신자의 삶에 항상 있을진대, 그중에 으뜸이자 처음은 '하나님을 만나는 것'이다. 하나님 없이는 자아를 발견할 수도, 진리를 깨달을 수도 없다. 하나님을 만날 때, 우리는 자아와의 불화를 극복할 수 있고 우리를 자유롭게 하는 진리를 경험할 수 있다. 어떤가,

아우구스티누스의 길을 따라서 '나의 하나님', '하나님 안의 나', '하나님의 진리'를 찾는 여정을 다시 힘차게 시작해 보는 것은.

함께 읽을 책

- 고전을 읽는 단 하나의 방법은 반복 독서다. (일부 예외가 있기는 하지만) 괜히 해설서나 요약한 것을 먼저 보면, 아니 봄만 못하다. 고전 한 권을 읽고 또 읽을 일이다. 가능하다면, 최소한 서너 번은 읽으면 좋겠다. 특히 「고백록」은 열 번을 읽어도 족함이 없다. 함께 읽을 책을 찾지 말고 자꾸 읽기를 바란다(아, 그리고 '어거스틴'과 '아우구스티누스'는 다른 사람이 아니다. 어거스틴은 영어식 이름이고, 아우구스티누스는 라틴어식 이름이다. 우리나라와 개신교회는 영어의 권능이 너무 센지라 어거스틴이 입에 익었겠지만, 서서히 '아우구스티누스'라는 발음을 익혀야겠다).

- 고전을 읽는 첫 번째 방법이 고전 자체를 읽는 것, 두 번째 방법이 한두 번이 아니라 여러 번 반복해서 읽는 것이라면, 마지막은 다양한 번역본으로 읽는 것이다. 역자에 따라 미묘한 뉘앙스를 풍기게 마련이고, 다른 번역어가 새로운 생각을 촉발시키기 때문이다. 개신교 신자들에게는 최민순이 옮긴 「고백록: 님 기림의 찬가, 진리에 바치는 연가」(바오로딸 역간)의 번역본이 상당히 낯설다. 나 역시 그렇다. 개신교 신학자인 선한용의 학문적이고 정직한 번역본을 저본으로 삼아 읽은 터라, 예스럽고 문학적인 가톨릭 신부 최민순의 역본은 신선하지만, 생소해서 그런가, 읽기가 어려웠다.
  그러나 서두르지 말고, 시를 낭송하듯 천천히 음미하면서 읽으면 웅숭깊은 고백록의 묘미를 느낄 수 있고, 아우구스티누스의 마음에 조금 더 가닿을 수 있을 것이다.

- 아우구스티누스의 「고백록」은 자서전이다. 저 스스로 쓴 것이어서 남들은 알지 못하는, 알 수 없는 내밀한 속살이 들어 있지만, 반대로 의도했든 의도하지 않았든 빠뜨린 것이나 과장하거나 축소한 것도 담겨 있다. 그래서 이야기 신학의 원조이자 교과서는 아우구스티누스의 「고백록」이지만, 그의 이야기 전체를 알기 위해서는 불가피하게 타인의 기록을 참조해야 한다. 「고백록」에 미치지는 못하지만, 이야기 신학자들에게 그

에 준하는 대우를 받는 것이 바로 피터 브라운이 쓴 「아우구스티누스」(새물결 역간)다. 분량이 상당히 두껍기는 하지만 읽을 가치가 충분한, 현대 고전이라는 이름에 값하는 책이다.

- 「고백록」을 다양한 버전으로 읽고, 평전과도 대조하며 읽었다면, 이제 아우구스티누스의 사상 전체를 읽을 차례다. 독자들에게 차분한 목소리로 조곤조곤히 설명하는 책으로 박승찬의 「아우구스티누스에게 길을 묻다」(가톨릭출판사 펴냄)만 한 것이 없다. 「고백록」을 읽은 독자라면, 목차를 훑어보고 손이 가는 대로, 마음이 머무는 곳에서부터 읽기 시작해도 될 것이다. 아우구스티누스 사상에 관한 전체 그림을 그리고 싶은 초심자들에게 딱이다.

2장 나를 찾아서

파스칼의 「팡세」 읽기

내 안의 팡세 DNA

"나는 누구일까? 도대체 어떤 인간일까?" 갈피를 잡지 못한 채 헤매던 담임 목회 초년생에게 이 질문은 절박했다. 내가 누구인지 알아야 무엇을 할지, 어떻게 살아야 할지를 알 텐데, 내가 나를 모르겠으니 실로 답답했다. 시간과 공간이라는 x축과 y축에 내 인생의 좌표를 찍는다면, 나는 어느 곳에 있는 걸까? 그걸 알아야 했다. 장차 어떻게 될지 알고 싶었다. 알지 못하면 살아도 산 것이 아니다. 헛된 삶이다. 내가 누구인지 알아야 나답게 살 것 아닌가?

나는 다양한 인간 군상이 파노라마처럼 펼쳐지는 구약 성경을 죽

훑어보았다. 모세와 다윗처럼 가까이하기에는 너무 먼 위대한 사람들과, 그에 못지않은 조연들, 그리고 단역 배우처럼 잠깐 등장하고 사라지는 숱한 인물 속에서 나를 닮은, 아니 내가 닮은 한 사람을 찾아냈다. 영적인 축복과 세속적 욕망을 한꺼번에 거머쥐고 싶어 안달하던 사람, 야곱이다. 그래서 쓴 책이 「내 안의 야곱 DNA」(죠이북스 펴냄)다.

야곱은 이중적 인간이었다. 어느 정도 속물적이면서도 거룩하다. 그 둘은 DNA 구조처럼 배배 꼬여 있어서 서로 떼어 놓으면 원래의 그것이 아닌 다른 것이 되듯, 야곱 안에는 영적 은혜와 속물근성이 콩깍지 속에 나란히 자리한 형국이다. 인간이란 본시 그 안에 상반되는 둘 혹은 셋, 그 이상의 것들이 상존하게 마련이다. 그것들이 조화를 이루면 성숙하지만, 갈등만 일으키면 분열되는 존재다. 갈등을 일으키면 자신은 물론이고 주변마저 초토화된다.

파스칼(Blaise Pascal, 1623-1662) 역시 초지일관 인간을 이중적 존재로 읽는다. 그래서인지 「내 안의 야곱 DNA」를 쓸 때도 그랬지만, 「팡세」(*Pensées*, 민음사 역간)를 다시금 펼쳐 든 지금도 이런 생각을 한다. '내가 파스칼의 영향을 참 많이도 받았구나. 어쩌면 「팡세」를 읽었기에 야곱을 그렇게 읽은 것은 아닐까?' 파스칼에게 인간은 위대하고 비참하다. 왜 인간은 천사이고 동물일까? 둘 중 하나, 아니 천사이기만 하면 안 되는 것일까?

팡세 속의 파스칼

신학은 물론이고 철학까지 통틀어 가히 천재라고 할 만한 사람이 몇이나 될까? '천재'라는 이름에 값할 만큼 진정한 의미의 천재는 딱 한 사람일 것이다. 혼자 엎드려 백묵으로 원과 삼각형을 그리며 유클리드 기하학을 스스로 발견한 때가 고작 12세, 원추 곡선에 관한 논문을 발표해서 학자들의 경탄을 자아낸 때가 16세, 아버지를 도와 오늘날 컴퓨터의 원조가 되는 계산기를 만든 때가 약관 19세. 아마도 '천재'는 이 한 사람을 위한 단어이리라.

너무 천재여서였을까, 아니면 자신의 탁월한 이성과 사고 능력의 극한 지점에서 한계를 보아서였을까? 파스칼은 어느 철학자의 말 그대로 자신의 지성을 십자가에 못 박는다. 그는 자연과 수학에서 인간 자신에 관한 연구로 질문의 방향을 튼다.

왜 그랬을까? 파스칼은 자신이 누구인지 찾고 싶었기 때문이다. 성 아우구스티누스가 "내게 가장 문제였던 것은 바로 나 자신"이라고 말했다면, 파스칼은 "인간에게 가장 고유하면서도 절실하게 풀어야 할 문제는 인간 자신"이라고 말했다. 천하 만물에 대한 지식이 차고 넘친다 할지라도 나를 알지 못한다면, 그렇게 높이 쌓아 올린 천재적 업적이 다 무슨 소용이랴.

전환의 계기는 이성의 한계를 누구보다도 날카롭게 직면하고, 하나님을 만난 사건이었다. 그날 그에게 어떤 일이 벌어졌는지는 아무도 모른다. 다만 "은총의 해 1654년", 그러니까 11월 23일 밤 10시 반에서 12시 반경까지 파스칼은 모종의 신비 체험을 한다. 평생 가슴에 품고 다닌 메모지에 그는 "불, 철학자와 학자들의 신이 아니라 아브라함의 하나님, 이삭의 하나님, 야곱의 하나님, 확신, 확신, 심정, 기쁨, 평화, 예수 그리스도의 하나님"이라고 썼다. 그는 서른아홉이라는 때 이른 나이에 아브라함의 하나님 품에 안겨 기쁨과 평화를 누리고 있다.

위대하고도 비참한

파스칼이 본 인간은 위대하고도 비참하다. 왜 그런가? 어째서 둘 중 어느 하나가 아니고 둘 다일까? 위대와 비참은 먼저 성경에서 증언하는 바다. 하나님의 형상(창 1:27)으로 창조된 인간은 하나님보다 조금 못하다(시 8:5). 하나님을 대신하여 세상을 다스리는 인간은 실로 위대하다. 하지만 결코 하나님의 영광에 이르지 못한다(롬 3:23). 게다가 인간은 생각하는 모든 것이 악하다(창 6:5). 그리하여 인간이 세상을 다스리기는커녕, 노아 시대처럼 인간의 악함 때문에 세상이 심판을 받는다.

이중적 인간은 과학의 증거이기도 하다. 파스칼은 수학자답게 '무한 수'를 도입하고, 자연 과학자답게 '우주의 무한성'으로 인간을 설명한다. "무한 속에서 인간이란 무엇인가?"(390쪽) 무한한 수와 우주는 인간에게 두 가지 반응을 일으킨다. 한편으로는 자기 자신이 무한한 세계의 일부이기에 무한히 확장하고 뻗어 나갈 수 있다는 자부심을 느끼고, 다른 한편으로는 자신을 영원 앞에서 찰나, 무한 앞에서 허무로 소거되는 덧없는 존재라고 여긴다. 우주의 물 한 방울로도 인간은 사라진다.

인간은 세상 만물 그 무엇보다 위대하다. 그리고 천사와 같다. 야곱처럼 우리는 하나님의 얼굴을 보고, 하나님의 얼굴이 되어 간다. 동시에 인간은 천하의 숨 쉬는 것들 가운데 가장 비참하다. 한 마리 추악한 짐승이다. 야곱의 일거수일투족을 추적해 보면, 그가 하는 일체의 행동에 욕망이 똬리를 틀고 있는 것을 본다. 그것이 인간이고, 그것이 나다.

인간은 위대와 비참 둘 다이고, 둘 다 필요하다. 어느 하나를 버리면 안 된다. 둘 다 인간의 특성이고, 그 각각이 인간을 인간답게 하기 때문이다. 인간이 자신의 비참함을 망각하고 마냥 위대하다고만 뻐기면, 오만방자해진다. 그러나 위대함을 알지 못하고 비참함만 느낀다면, 무한한 절망의 심연에서 헤어 나오지 못할 터. 그 둘은 따로 떼어 놓을 수 없다. 동전의 양면처럼 불가분이다. 서로서로 견제하고 한계선을 그어 준다.

신학의 역사를 일별하면, 저 둘 중 어느 하나에 전적으로 쏠리는 경향이 있었음을 쉽사리 감지할 수 있다. 어느 신학은 인간의 자유의지와 선함을 지나치게 강조하는 '영광의 신학'으로 바벨탑을 쌓고, 또 어느 신학은 인간의 부패한 의지와 악함만 도드라지게 부각하는 '고난의 신학'으로 세상을 등지고 광야로 달아난다.

신자 개개인도 마찬가지다. 때로는 자신이 무언가를 해냈다는 성취감에 안하무인이 되기도 하고, 또 때로는 자신이 무엇도 아니라는 허무감에 망연자실하지 않는가. 하나님을 가슴에 품은 듯하다가도 어느새 마음속으로 그 하나님을 이용하기도 한다. 하나님을 위해 내 삶을 드릴 듯하다가도 동전 한 닢에 내 목숨, 내 자존심을 걸지 않는가. 어느 날은 순교라도 할 것처럼 열정에 들뜨지만, 또 어느 날은 죽기 싫어 몸부림치며 머리를 쥐어뜯지 않는가. 그게 나고, 그게 사람이다. 때문에, 내 안의 양면성을 직면할 줄 알아야 한다. 그러기에 파스칼은 위대와 비참의 긴장 관계를 '사유'로 풀어 나간다.

팡세하는 갈대

"팡세"(Pensées)는 프랑스어로 '생각'이라는 뜻이다. 그 유명한 "생각하는 갈대"(391쪽)라는 비유도 여기서 등장한다. 인간은 자신이 천사처럼 고귀하고 위대하다는 것을, 동물처럼 천박하고 비참하다는 것을 자각한다는 점에서 여타 존재와 다르다. 생각하는 능력이 인간을 다른 존재와 구별 짓는다. 세계는, 그 어느 존재도 자신이 누구인지를 알지 못한다. 아무것도 모른다. 인간만이 안다. 인간만이 '팡세'를 한다.

이따금 우리 기독교인은 맹목적이라는 비판을 듣는다. 맹목적이란, '생각하지 않는다'라는 말과 같다. 고대 교부부터 아우구스티누스와 아퀴나스(Thomas Aquinas, 1225?-1274), 루터(Martin Luther, 1483-1546)와 칼뱅(Jean Calvin, 1509-1564), 파스칼과 도스토옙스키(Fyodor Mikhailovich Dostoevsky, 1821-1881)에 이르기까지 찬란한 지성의 금자탑을 이룬 기독교가 왜 무개념의 대명사가 되었단 말인가? 파스칼의 대답은 "생각하지 않아서, 자신을 성찰하지 않아서"다. 외부의 칭찬과 인정, 평가와 평판에 급급해서 정작 자기 자신을 돌아보지 않는다. 지금은 기독교가 자연과 사회를 향한 시선을 돌려 오로지 자아와 교회를 돌아보아야 할 때다.

물론, 파스칼은 이성의 한계를 분명하게 긋는다. 자연과 우주를 연구하는 데, 나를 찾는 데 이성은 필요조건이지만 충분조건은 아니다. 하나님을 알지 못하고는 결코 나를 알지 못한다. 인간의 위대함과 비참함을 한꺼번에 가르치는 종교가 기독교다. 위대함의 극한이자 비참함의 극치를 몸소 살아낸 예수가 아니시면, 우리는 자신 안의 동물적 본성과 천사적 영성이라는 양면을 하나의 전체로 파악하지 못하고 어느 한쪽으로 쏠리고 만다.

파스칼은 우리를 일깨운다. 우리의 위대함은 우리 안의 어떤 것 때문이 아니라 하나님의 은총 때문이라고. 우리의 비참함은 우리 자신을 한없이 깎아내릴 근거가 아니라 하나님 앞에 회개해야 하는 이유라고. 하나님이라는 절대자가 없다면, 절대 기준을 상실하면, 우리는 끝 간 데 없이 교만해지고 바닥도 없는 나락에서 절망만 할 거라고. 칼뱅이 「기독교 강요」 1권 1장에서 말한 바, 하나님을 알지 못하면 나를 아는 지식이 왜곡되게 마련이고, 내가 누구인지 모르면 하나님을 아는 지식이 불완전하기 십상이다.

내 손의 팡세

그러면 어떻게 해야 하나? 어느 날, 손자가 묻는다. "할아버지, 제 안에 나쁜 검은 개와 착한 흰 개가 같이 살고 있어요. 두 개가 싸우면 어느 개가 이길까요?" 지혜로운 인디언 추장인 할아버지는 이렇게 대답한다. "네가 밥을 주는 개가 이긴단다."

내 안에서 천사 같은 위대함과 짐승 같은 비참함이, 고상한 영적 갈망과 삿되고 헛된 세상의 욕망이 서로 싸우고, 갈수록 후자가 목소리를 높이며 자꾸 보채고 아우성칠라치면, 인정하라. 내 안에 두 욕망이 공존한다는 것을. 그 모든 것이 바로 나임에랴. 허나, 선택하라, 내 안의 천사를 말이다. 그대의 선택에 도움을 주는 이 책, 「팡세」도 선택하라.

함께 읽을 책

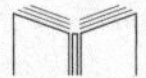

- 팡세를 읽을라치면, 라퓌마 판이 어쩌고, 브랑슈빅 판이 저쩌고 하는 문장을 보게 될 것이다. 나는 어느 판본을 읽든 상관없다고 본다. 어차피 메모처럼 이리저리 흩어진 것을 편집한 것이고 파스칼이 완성하지 못한 것이기에, 전문가가 아니라면 구태여 신경 써서 구분하는 것이 불필요하다. 각 역본 서문에 두 판에 대한 설명이 곁들여 있으니 참고하면 될 일이다.

  그러나 앞에서 말한 대로 다양한 역본으로 읽기가 고전을 공부하는 중요한 방법이라면, 두어 종을 곁들여 읽는 것이 최상이다. 오래도록 파스칼을 연구하고 저술 작업을 해온 이환 교수의 민음사 판을 추천한다. 그 외에도 두란노, 선한청지기, 서울대학교출판부 등에서 나온 것이 있다. 고전의 역본은 많을수록 좋다.

- 고전을 잘 읽는 한 방법은 저자의 일대기, 곧 자서전이나 평전을 읽는 것이다. 고전뿐만 아니라 모든 저서에는 저자가 살아온 내력이 듬뿍 담겨 있기 때문이다. 대표적으로 아우구스티누스, 키르케고르, 파스칼은 생애를 알수록 그의 책이 더 잘 보인다. 학부에서 철학을 전공하고, 십여 년간 담임 목회를 하고, 지금은 신학을 연구하고 강의하는 권수경 교수는 이 천재의 삶의 이야기를 씨줄 삼고, 그가 남긴 저서를 날줄 삼아 「파스칼 평전」(이새 펴냄)이라는 멋진 피륙을 완성했다. 「팡세」를 읽고 파스칼을 흠모하게 되었다면 파스칼의 삶이 궁금해질 것이다. 그렇다면 단연코 이 책을 집어 들고 읽으라!

- 「팡세」는 단상이고 단편이다. 고수가 던지는 가벼운 잽 한 방에 심오한 의미가 있기도 하지만, 그냥 마구 던지는 것도 있다. 토머스 모리스는 기독교 철학자로 「파스칼의 질문」(필로소픽 역간, 절판)에 「팡세」의 핵심 요점을 잘 정리하였다. 목차를 보고, 관심 있는 곳부터 읽으면 된다.

  미키 기요시의 「파스칼의 인간 연구」(도서출판 b 역간)는 「팡세」에서 종교적인 것, 신적인 것을 줄이고, 비종교적으로 인간을 읽어 낸다. 철학자들은 이따금 기독교인들이 아우구스티누스나 파스칼, 키르케고르 등을 지나치게 기독교적으로 읽는다고 지적한다. 어느 정도 일리 있다. '영성'이니 '기독교적'이니 하는 잣대를 내리고 그들의 시각으로 읽는 것이 역설적으로 영적이고 기독교적이다. 비기독교인이, 그것도 서른 살이 채 되지 않은 일본인이 고요함과 불안함 가운데 눈물을 흘리며 파스칼을 읽고 쓴 이 책이, 그리고 좌파에서 우파로 전향한 독특한 그의 이력이 우리의 「팡세」 읽기를 풍성하게 해줄 것이다.

● 「내 안의 야곱 DNA」(김기현, 죠이북스 펴냄)를 함께 읽을 책으로 추천한다. '파스칼과 「팡세」를 말하는데, 저 책이 여기서 왜 나오지?' 싶은가? 내가 저 책을 쓰면서 처음부터 끝까지 염두에 둔 사상가와 고전이 있었으니 바로 파스칼과 「팡세」다. 「팡세」를 탐독했기에 나는 인간이 이중적 존재라는 주장을 거침없이 펼칠 수 있었다. 내가 야곱을 영적이면서도 속물적 인간이라고 한 것도 그 원천을 따지고 들어가면, 인간을 천사와 동물로 본 파스칼에게서 온 것이라 하겠다.

3장 죽음을 넘어서

톨스토이의 「이반 일리치의 죽음」 읽기

끝이 있다

왠지 모를 흐느낌에 어깨를 들썩인다. 주인공 일리치가 죽은 나이, 마흔다섯. 아버지가 이 땅을 떠난 나이도 그때쯤일 것이다. 현실 속 나는 그때의 아버지보다, 소설 속 일리치보다 나이를 더 먹었거늘, 이 책을 읽는 지금은 여전히 아버지가 돌아가시던 때의 까까머리 열다섯 살 중학생이다. 죽음은 실로 무섭고 잔인하고 저주스럽다. 때 이른 아버지의 죽음은 어머니와 가족의 인생을 뒤흔들었고, 나는 멀미를 심하게 앓곤 했으니까.

대학에 입학한 첫 학기, 철학 개론 담당 교수는 사뭇 진지한 표정으로 삼단 논법을 설명했다. "모든 사람은 죽는다. 소크라테스는 사람이다. 고로 소크라테스는 죽는다." 냉소와 분노가 일었다. '아니, 이게 뭐야? 죽음을 저리도 냉정하게 말할 수 있는 거야? 너무 아프고 아린 말인데…….' 자신은 죽지 않을 것처럼, 소설 속 인물을 대하는 것처럼 어찌 저리 남의 일인 듯 무심하게 말할까? 죽음을 저렇게 말할 수 있는 것인가?

저 논리에 빠진 한 단어가 있으니, 바로 '나'다. 소크라테스가 들어간 자리에 자기 이름을 대입해야 하리라. 보편적 존재가 아닌 구체적 인간인 '내'가 죽는다. 모든 죽음은 '나의 죽음'이기에 소유격으로 말해야 한다. '나의 죽음'이기에 죽음이 문제이고 공포다. 도저히 있을 수 없는 일이 내게 닥친다는 것, 그 끔찍한 일을 결코 피할 수 없다는 것, 그것이 문제다. 너도, 그도 아닌 '나의' 죽음 말이다.

불멸의 소설가 레프 톨스토이(Lev Nikolaevich Tolstoy, 1828-1910)는 누구나 알지만 모두가 짐짓 모르는 척, 애써 태연한 척하는 불멸의 주제, '죽음'을 내 눈앞에 갖다 둔다. "너는 죽는다, 반드시, 기필코. 고개 돌리지 마라. 네 인생에 끝이 있다는 사실을 직시하고, 그 끝에서 네 인생을 다시 생각해 봐라. 그리고 다시 살아라"라고.

도스토옙스키가 "인간이란 도대체 어떤 존재인가"를 물었다면, 톨스토이는 "인생은 무엇인가"를 질문했다고 한다. 인생은 죽음이다. 삶의 끄트머리인 죽음을 알 때 잘 살고, 살아도 산 것 같은 삶을 산다. 그렇다, 끝은 있다.

끝에 서다

톨스토이는 누가 봐도 잘 살았다. 그는 이미 「전쟁과 평화」와 「안나 카레니나」라는 불멸의 작품으로 오고 오는 모든 시대에 잊히지 않는 대문호가 되었다. 그래도 떨칠 수 없는 것은 죽음이었다. "어떻게 하면 잘 살까", "어떤 삶이 잘 사는 삶일까"를 늘 물었다는 그는 삶의 종착지인 죽음을 묵상하였다. 잘 살기 위해서, 삶다운 삶을 위해서 죽음을 안고 살았고, 그랬기에 그는 잘 살아낸 작가다.

그래서 그런가. 그의 죽음에 대한 이해와 깊이가 물씬 풍기는 한 작품을 고르라면 바로 이 책 「이반 일리치의 죽음」(*Смерть Ивана Ильича*, 창비 역간)일 것이다. 이 책의 주인공은 일견 톨스토이를 빼쐈다. 이반 일리치는 참으로 잘 살았다고 생각했다. 누가 봐도 흠잡을 데 없고, 흠모할 만한 삶이었다. 무료하다 싶을 만치 안정적 삶을 누리던 관료의 둘째로 태어나 정상이라 말하는 기준의 테두리에서 그리 벗어나지 않았다. 형처럼 좀스럽게 살지도, 동생처럼 개털같이 살지도 않았다. 잠깐의 일탈이라고 할 만한 실수도 있었다. 나름 방황도 했지만, "그 어떤 경우에도 마음속에 이 정도까지는 괜찮다고 인정되는 일정한 한도를 벗어난 적이 없었다"(25쪽).

법률 학교에 다니고 판사로 일할 때도 저 규칙에서 어긋나지 않았다. 한 사람의 인생을 판결한다는 무거움을 직시하고, 그 권력을 남용하기는커녕 부드럽게 사용하고자 했다. 예의 바르고 성실하게 모든 업무를 꼼꼼하게 처리했다. 부러움을 한 몸에 받을수록 자부심은 넘쳤다. 타인의 평가와 상관없이 직장에서도, 가정에서도 잘 살고 있다는 만족감이 충만했다. 지극히 정상적인 그의 이러한 삶이야말로 '헬조선'이라는 이 땅의 척도로 보자면, 최고의 삶 아니겠는가.

이 소설에서 말하는 "정상"은 무엇일까? 그 이면을 극명하게 보여주는 사례가 있다. 바로 일리치의 결혼이다. 그가 결혼을 결심한 것은 한 여자를 있는 모습 그대로 사랑한 것도, 가치관과 지향하는 비전이 같아서도 아니었다. 그는 자기 신분에 잘 맞는데다 자신을 과시하기에 안성맞춤인 여성을 아내로 맞이했다. 그렇게 사는 것이 고위층에게 어울리는 옳은 일이라 여겼기 때문이다. 그것은 허영이었다. 그가 살던 러시아의 사회적 규격에 딱 들어맞는 평균적이고 균질적인 행위였을 뿐이다.

그런 일리치의 삶을 한순간에 나락으로 내리꽂은 사건이 일어났다. 성공의 정점을 찍었다고 여긴 바로 그때 말이다. 최고의 집으로 이사해서 가구를 들이던 날, 그는 커튼을 달다가 사다리에서 떨어져 허리를 다친다. 그리고 그 상처로 일리치는 죽음에 이르고 만다. 그를 몰락시킨 것은 승승장구하는 그를 제거하려던 정적의 암수도, 자신의 불의와 거짓의 대가도 아니었다. 발을 헛디뎌 창틀 손잡이에 옆구리를 부딪친 일 때문에 죽다니……. 삶이 이렇게 가볍고 헐거웠던가!

허리를 다친 이후 일리치는 외적으로 직장 일을 허투루 처리하지는 않지만, 내면이 서서히 붕괴한다. 억울했으니까. 이렇게 죽기에는 너무 허망하니까. 해서, 직장 동료에 대해서, 가족에 대해서, 특별히 아내에 대해서, 세상 모든 일에 대해서, 세상 모든 것에 대해서 불평과 비판이 나날이 늘어간다. 그리고 마침내는 무엄하게 하나님을 향해서도 저주를 퍼붓는다.

"성찰하지 않는 삶은 살 가치가 없다"는 말이 소크라테스의 것이라면, 톨스토이는 "성찰하지 않는 삶은 짐승에 다름 아니다"라고 했다. 작가는 주인공이 자기 삶을 반성하도록 이끈다. 일리치는 오랜 내적 분투 끝에 진실을 마주한다. 잘 살았다는 것은 착각이었다. 죽음의 자리에 서니, 헛되게 살아온 것이 보였다. 아내가 자신을 힘들게 했다고 여겼는데, 사실은 자신이 아내를 괴롭혔다는 아픈 진실에 다다른다.

끝에서 돌아본 그의 인생은 사랑 없는 삶이었다. '나는 죽는다'는 것은 정해진 운명(히 9:27 참조)인 것을. 사랑 없는 삶은 끝이다. 끝이 정해진 삶인 게다. 그런 삶은 죽고 나면 끝이다. 다음이 없는 삶이다. 헛되고 헛되며 헛되고 헛된 인생은 죽음을 남의 일로 치부하고, 멀고 먼 미래의 일로 밀쳐 둔다. 그러다가 끝장이 난다. 골로 간다. 끝에서서 바라봐야 인생의 실체가 오롯이 드러난다. 끝에 서라.

끝을 살다

일리치의 마지막 말은 '용서'였다. 사경을 헤매며 휘휘 내저은 손이 그만 울고 있는 아들의 머리를 때리고 만다. 이

장면처럼 그의 삶은 자신의 의도와 상관없이 아내에게, 아들과 딸에게 상처 주는 삶이었다. 이 작은 몸짓으로 그 사실을 깨달은 그는 말했어야 했다. 미안하다고, 잘못했다고, 용서해 달라고. 자신을 용서하고 받아 주어서 고맙다고, 사랑한다고. 그런 말을 남겨야 했다. 그러나 일리치는 '용서'(쁘로스찌)라는 말 대신 '보내 줘'(쁘로뿌스찌)라고 말해 버렸다. 그러고는 끝내 하지 못한 그 말을 모두가 알아들을 것이라고 스스로 위안 삼는다. 그제야 죽음은 빛이 된다. "아, 이렇게 기쁠 수가!"(119쪽)

산다는 것은 빚을 지는 일인 듯싶다. 내가 살기 위해 내 것 아닌 남의 것을 유상으로, 아니 많은 경우 무상으로 빌려 영위한다. 그러고는 미안해하지도, 고마워하지도 않을 뿐더러 제힘으로 잘 살았다고 뻐기고 으스대는 꼴이라니. 그래서 성경은 우리 인간을 가리켜 '죄인'이라고 일컫는다. 죄는 곧 빚이니까. 주기도문에서처럼 죄는 빚이다. 빚이 죄다.

하나님과 이웃에게, 그리고 삶다운 삶을 살아야 할 나 자신에게 빚만 잔뜩 지고 사는 것을 참회하는 일이야말로 빚을 갚는 출발점이다. 끝에 서고서야 진실을 알고 거듭났으니, 그나마 우리의 주인공은 복되고 복되다.

하지만 나는 일리치의 끝에서 다른 것을 본다. 마지막에 가서야 한 말을 바로 지금 여기서 해야 하는 것은 아닐까? 물론 지금 하지 못한 말을 그때라도 한 것은 천만다행이다. 그러나 하지 못한 말을 알아들었을 것이라고, 말하지 않아도 말한 것으로 들어 달라고 하는 것은 상대방에게 또 하나의 상처를 지우고, 빚을 지고, 죄를 짓는 것 아닐까? '간단하고 훌륭한 일'을 매사에 빈틈없이 수행했듯이 이번에도 그래야 하지 않았을까? '말을 바꿀 힘이 없어서 손을 내젓기보다는', 손을 내젓는 힘으로 말을 바꾸었다면 어땠을까? "쁘로스찌!"(용서해 줘!)

지금 사랑하지 않으면 내일은 늦으리. 오늘 사랑은 오늘 하고, 내일 사랑은 내일 해야 하리라. 잘못을 피할 수 없듯이 용서를 구하는 일도 피할 수 없다면, 해가 지도록 용서 구하는 일을 미루지 말아야 하리라. 그것을 지금 당장 연습하지 않으면, 빚은 나날이 쌓여만 가고, "내가 지은 그 빚을 낱낱이 기록한다면 그 책을 두기에 이 우주도 크지 않으리라"(요 21:25 참조).

끝을 넘다

'일리치가 아들의 머리를 쓰다듬으며 사랑한다는 한마디를 건넸다면……' 하는 진한 아쉬움을 토로하는 것은 실상 내가 듣지 못한 말에 대한 아쉬움 탓일 게다. 아버지의 한스러운 죽음 앞에서 내가 듣고 싶었던 말이기 때문일 것이고, 내 머리 한 번 쓰다듬어 주었다면 하는 바람이 있기 때문일 게다. 지금 내 아내와 아들, 딸에게 미안하다고, 사랑한다고 말해 주어야겠다고 다짐하기 위한 것이다.

그때의 내가 이제는 그때의 아버지에게 잘 사셨다고, 고생하셨다고, 사랑한다고 말을 건넨다. 지금의 나는 지금의 내 가족에게 당신이 있어 내가 있고, 내 평생 갚을 수 없는 빚을 졌다고, 손을 맞잡고 어깨를 토닥이고 머리를 쓰다듬으며 말해 준다. 그러는 내 어깨도 따뜻한 목멤에 들썩인다. 일리치의 마지막 말은 나의 것이 된다. “끝난 건 죽음이야. 이제 더 이상 죽음은 존재하지 않아.” 죽음 다음의 삶은 부활이요 천국이리라.

함 께 읽 을 책

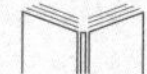

- 톨스토이의 평생 고민이자 문학적 화두는 "어떻게 살 것인가?" 혹은 "어떤 삶이 좋은 삶인가?"였다. 괴테의 「파우스트」의 한 구절처럼 "사는 한 방황하게 마련"이라면, 그는 삶을 진지하게 고뇌했기에 그만큼 남다른 내적 시련을 많이 겪었다. 이 러시아의 배부른 소크라테스는 "성찰하지 않는 삶은 동물과 다를 바 없다"라는 슬로건을 외치며 끊임없이 자신의 삶에 대해 묻고 또 묻는다. 그는 이성과 지식이 인간을 구원하지 못하며, 죽음의 공포와 자살의 유혹에서 건져 내지 못하는 무능력을 직시한다. 결국 그가 도달한 것은 민중의 지혜와 신앙의 힘이었다.

  톨스토이의 「참회록」은 아우구스티누스의 「고백록」, 루소의 「참회록」과 더불어 서양의 3대 참회록으로 불린다. 작가가 상상하고 창조해 낸 인물의 이야기보다, 그 작가의 삶의 이야기가 소설 이상으로 재미있고 풍부하며 깊이가 있다. 이참에 내 삶의 이야기에서 고백하고 참회할 것이 없는지 성찰하는 시간을 가져 보면 어떨까.

- 러시아 문학 연구자인 석영중 교수는 「안나 카레니나」(톨스토이)를 모르는 사람이 없지만 읽은 사람은 거의 없다고 말한다. 러시아 사람들은 날씨가 춥고 겨울이 길어서 그런지 소설 분량이 한정 없다. 「안나 카레니나」의 첫 문장만 읽고는 조용히 덮었다. 대신, 「부활」(톨스토이)은 목사인 나로서는 끌리는 제목인 데다가 「진보와 빈곤」을 쓴 헨리 조지의 사상에 영향을 많이 받은 책이라고 하여 읽어 보았다. 민중의 위대함과 도덕의 힘을 신뢰하는 그답게 계몽적이고 교훈적인 이야기다.

  차라리 톨스토이의 단편부터 시작하면 어떨까? 우리가 익히 아는 작품들, 즉 "사람은 무엇으로 사는가?", "세 질문", "바보 이반", "사랑이 있는 곳에 신도 있다", "사람에게는 얼마나 많은 땅이 필요한가?"처럼 주옥같은 단편이 읽기도 수월하고, 생각하고 토론할 거리도 무궁무진하다. 바로 이 책이다. 「사람은 무엇으로 사는가?」(문예출판사 역간).

● 죽음을 목전에 두고서 죽음을 받아들이고 용서를 청한 이반은 행복한 사람이다. 날마다 주야로 죽음을 묵상하는 사람이 실로 많다. 우리나라에서 자살은 더없이 심각한 사안이다. 한 사회를 측정하는 몇 가지 바로미터가 있을진대, 아마도 으뜸은 이 주제가 아닐까? 자살을 둘러싼 정치적, 사회적, 신학적, 개인적 문제를 하나하나 톺아가는 「자살은 죄인가요?」(김기현, 죠이북스 펴냄)는 죽음을 넘어서는 은총의 힘을 따뜻하게 역설한다. 저자의 실제 상황을 직접적으로 발설하지는 않지만, 그의 실존적 고민을 녹여 낸 책으로, 자살을 정치학, 사회학, 신학, 성경으로 풀어낸다. 1시간 정도면 충분히 읽을 분량으로 엑기스만 모아 두었다는 후문이 들린다. 어느 유가족이 위로를 많이 받았다며 감사의 인사를 보냈을 때, 책 쓴 보람을 느꼈다.

4장

영적인 삶을 찾아서

헨리 나우웬의 「영적 발돋움」 읽기

바람 같은 성령 안에서 산다는 것은

내게 성령은 아직도 오리무중인 분이다. 교회에 다닌 지 40년, 목사가 된 지 스무 해가 되어 가고, 명색이 신학 박사요, 그것도 넓은 의미에서 조직 신학이 전공인 내가 성령을 제대로 깨치지 못했다는 건, 나의 게으름이요 책망받아 마땅한 죄악이렷다. 그런데도 어쩌랴, 잘 모르겠는 것을. 그런데 이게 웬일인가. 기독교 영성가로 널리 알려진 가톨릭 사제이자 신학자인 헨리 나우웬(Henri Nouwen, 1932-1996)도 성령, 그리고 성령을 따라 사는 삶에 대해 여태껏 고민을 풀어 가는 과정에 있다니 말이다.

비단 나만의 잘못은 아니다. 본시 성령은 바람과 같은 분이다. 히브리어로 성령은 '루아흐'인데, 영인 동시에 바람을 뜻한다. 그러하기에 주님도 성령을 바람이라 하신 게다. 바람은 불고 싶은 대로 불고, 어디서 와서 어디로 가는지 모른다(요 3:8). 주님은 "성령으로 난 사람"도 그러하다 하셨는데, 그렇다면 그 원천인 성령이 어떤 분인지 종잡기 어려운 것은 당연지사다. 목사 할아버지라도 잘 모르는 것이 과문한 탓만은 아닐 게다.

아무튼, 나는 여전히 성령을 종잡을 수 없지만, 「영적 발돋움」(*Reaching Out*, 두란노 역간)을 읽으며 성령 안에서 산다는 것에 대해 (그것을 제자도라고 하든, 영성이라고 하든) 어느 정도 갈피를 잡을 수 있었다. 나우웬은 "성령 안에서 산다는 것은 무엇을 의미하는가?"라는 물음에 "발돋움"(reaching out)이라고 답했다. 외로움에서 고독으로, 적개심에서 환대로, 환상에서 기도로의 발돋움이다.

영성은 삼중적 관계다

나우웬의 생각을 밑천 삼아 골똘히 묵상해 본 후, 내가 나름대로 내린 결론은 이것이다. "영성은 관계다." 자신과 이웃, 하나님과의 관계가 영성의 바로미터이며, 내가 성령 안에서 산다는 것을 확인하고 실천하는 장(field)인 셈이다. 그러고 보면 에베소서 5-6장에서 성령 충만한 삶을 설명하면서 교회에서 하나님에게 드리는 예배, 가정에서 부부, 부모와 자녀, 사회에서 주인과 종, 그리고 영적 권세와의 대결을 다룬 이면에 흐르는 키워드는 기실 '관계'다.

그동안 성령이 충만하다는 것을 눈물, 콧물 좀 흘리고 혀가 꼬이는 현상으로 이해하고 괜스레 기죽기 일쑤였는데, 그것은 지극히 일부일지언정 전부는 아닐 터. 한때 나 역시 그런 경험을 한 적 있고 지금도 갈망하지 않는 바는 아니지만, 이제는 매달리지 않게 되었다. 모두 이 책 덕분이다. 그보다는 골치 아프고 피하고 싶은 일과 사람 속에서, 그러니까 내 기도와 영성에 방해거리로 여겨지는 것들 속에서 내 기도와 영성이 드러나야 한다는 진실이 더 아프다.

'관계'라는 점에서 세 가지를 부연 설명해야겠다. 하나는 '삼중적 관계'다. '나', '너', '하나님'이다. 이것은 한 사람이 연루된 총체적 관계를 모두 담고 있다. 요즘 떠오르는 생태와 자연은 '너'라는 범주에 들어갈 것이다. 저자는 각 측면을 무척이나 잘 짚어 낸다.

그러나 세 가지 관계가 균형을 이루어야 함을 강조하지 않은 점이 자못 아쉽다. 어느 하나가 좋아도 다른 하나가 약하면 그 자체로 온전하지 못할 뿐더러 그 영향을 받아 흔들리기 십상이다. 예컨대, 이웃과 사이가 좋아도 자기 내면의 외로움을 어쩌지 못하고 쩔쩔맨다면, 어느새 이웃에게 집착하고 환대는 적개심으로 돌변한다. 하나님에 대해 어떤 환상도 품지 않은 이라면 자신과의 관계에서도 가슴을 후벼 파는 외로움 속으로 기어 들어가지 않을 것이다. 성향과 기질, 환경과 성장 과정에 따라 어느 하나가 강하고 약할 수 있고, 실제 그러하지만, 전체적으로 조화를 이루는 것이 건강한 삶이자 영적인 삶이다.

이 삼중 관계를 풀어내는 나우웬의 솜씨에 감탄하면서도 나는 그 관계의 순서에 대해서는 환영도, 거부도 아닌 어정쩡한 자세를 취하고 있다. '나'에서 '너'를 거쳐 '하나님'에 이르는 여정은 토마스주의의 인과론적 신 증명 방식을 연상케 한다. 이를 철학에서는 '우주론적 증명'이라고 한다. 모든 사물에는 원인이 있고, 그것을 거슬러 올라가면 최초의 '제1원인'이 있을 터인데, 그것이 바로 신이라고 설명한다. 이러한 자연 신학의 전형적인 방식이 나우웬의 책에도 그대로 복제되어 있다.

그런데 외롭지 않다면, 아니 설사 외롭더라도 그것이 반드시 신에게로 나아가는 길목은 아니다. 많은 경로와 진로가 존재한다. 인간의 본질은 하나님, 곧 십자가의 예수로만 온전히 이해되며, 참사람이 된다는 것이 기독교의 인간학인 바, 먼저 하나님을 말해야 한다고 생각한다. 그런데도 초창기 나의 전매특허였던 "공격적 책읽기"를 감행하지 않고 애매한 자세를 취하는 것은 이런 유의 글과 논리도 나름으로 효용이 있기 때문이다. 이 책은 영성을 삼중적 관계로 설명한 것으로도 매우 훌륭하다. 그것으로 만족한다.

영성은 양극 사이에서 움직인다

부연할 다른 하나는 양극성이다. 많은 사람처

럼 나도 성령 충만하면 어떤 갈등도, 고민도 없으리라는 환상에 빠져 있다. 내가 나를 보면 종종 우스꽝스럽기 그지없다. 고독과 환대, 기도의 극한에 와 있는가 싶다가도 금세 외로움과 적개심, 환상이라는 또 다른 극점에서 서성거린다. 그러는 나 자신이 한심하게 여겨진 적이 한두 번이 아니다. 이런 나를 심리학자가 본다면, 조울증 환자라고 할 법하다. 바닥을 치는가 하면, 언제 그랬냐는 듯이 정상에서 아래를 내려다본다. 한두 번도 아니고 자꾸 그러니까 짜증이 난다.

이런 내게 나우웬의 말은 퍽 위안이 된다. "영적인 삶은 외로움과 고독이라는 양극 사이와, 적개심과 따뜻한 환대 사이의 양극, 환상과 기도라는 양극 사이에서 일어나는 끊임없는 움직임입니다"(15쪽). 영적인 삶은 양극의 한 지점에 고정된 것이 아니라 계속 좌충우돌하는 삶이다. 외로움이 고독이 되고, 적개심을 깊이 인식할수록 환대로 나아가며, 내가 하나님에 대해 환상을 품고 있음을 실토할 때 기도의 삶으로 발돋움한다.

영적인 삶은 어떠한 외로움도 없고, 일말의 적개심은 눈을 씻고 찾아봐도 없으며, 예수의 기도만 주야장천 읊어대는 삶이 아니다. 외롭기에 외로움 속에 고독이 숨어 있음을 발견하고, 적개심에 미칠 것만 같기에 내가 아닌 네가 내 속에 들어올 수 있다. 하나님에 대한 환상이 깊어 갈수록 기도하게 되고, 그 기도 끝에서, 아니 그 과정 중에 비로소 우리는 하나님에 대한 자신의 환상이 얼마나 뿌리 깊은 착각이었는지 알게 된다.

외로움 없이 고독 없고, 적개심 없이 환대도 없으며, 환상 없이 기도도 없다. 시치미 딱 떼고 '난 안 그래', '나는 괜찮아'라며 고상한 척 할수록, 그렇게 경건의 모양만 낼수록 능력 없는 경건의 허울을 진짜 경건으로 착각하고 만다. 나우웬의 빛나는 통찰은 양극성이야말로 영적인 삶의 일부임을 보여 준다. 하여, 점차 한쪽으로 움직이겠지만 온전한 것이 오기까지는 이중성에서 벗어나지 못하며, 양면성이 움직임과 발돋움을 만든다.

영성은 빈자리를 통해 발돋움한다

관계에 한 가지를 더 덧붙여야겠다. 바로 빈자리다. 관계는 곧 나 자신을 포함해서 나 아닌 존재에게도 합당한 자리를 배정하는 것이다. 내 마음의 왕좌에 주님을 모시고, 나를 둘러싼 까다로운 이웃과 귀찮은 일들에는 번거로워질 수 있는 시간의 여유를 허락하고, 내가 가장 좋아하면서도 동시에 가장 싫어하는 나 자신에게 쉴 수 있는 공간의 여지를 제공하는 것이다.

외로움에 자리를 만들어 주고 놀게 내버려 두면, 어느새 외로움은 열려 있는 고독으로 변모한다. 적개심을 마냥 억누르고 무시하기보다는 적절한 지위를 부여하고 존중해 주면, 분노를 누그러뜨리고 자신을 따뜻하게 대해 준 것에 대한 보답으로 환대의 세계로 나아간다. 죽지 않고 영원히 살 줄 알고 내 속의 욕망을 우상으로 숭배하며 깝죽대는 것을 잘 타이르면, 이내 유한성을 깨닫고 제풀에 꺾이고 만다.

제 죽을 줄 모르는 피조물은 없다. 두려워서 실재와 정반대인 환상의 세계로 도피할 뿐이다. 그러나 바로 그 환상이 있기에, 그것이 다름 아닌 하나님을 향한, 영원을 향한 환상이기에 기도하지 않을 수 없다.

인격이시고 관계이신 성령 하나님

이제는 조금 알겠다, 성령 하나님을. 그분은 인격이시고 관계이시다. 영적인 삶은 나를 위시한 모든 관계, 곧 삼중적 관계의 조화와 균형에 달려 있다. 또한 각각 안에 양극성이 있다는 점을 인정하는 것이다. 그 양극성은 우리로 주저앉게 만드는 힘이 아니라 앞으로 나아가게 하는 역설적인 역동이다. 외로움과 적개심, 환상이 나쁘다고 나무라기보다 자리를 열어 준다면, 그것들은 기어이 발돋움해서 온전한 관계, 곧 샬롬에 이르게 된다.

앞에서 "이제는 조금 알겠다"라고 한 말을 금세 후회하고 있다. 내 어찌 성령을 안다고 까불 수 있으리오. 그분이 나를 알지 않고서야 어떻게 내가 그분을 알겠는가. "성령으로 난 사람"은 성령을 안다고 말하는 사람이 아니다. 바람에 구르는 낙엽으로 바람의 존재와 방향을 가늠하듯, 영적인 '앎'이 아니라 영적인 '삶'으로만 말할 수 있는데도 나는 개방정을 떨고 있으니 우습기 그지없다.

나우웬에게 위로와 격려가 된 7세기 요한이 한 말은 내게도 쉼과 힘이 된다. "과거의 나쁜 습관에 여전히 지배를 받으면서도 단지 말로는 가르칠 수 있는 사람들이 있다면, 그들이 가르치도록 내버려 두십시오. 혹시 자기가 한 말을 부끄러워하며 언젠가는 자신의 가르침을 실행하기 시작할지도 모르기 때문입니다"(12쪽).

성령과 그분 안에 거한다는 것이 무엇인지 조금이나마 짐작한 것만으로 기뻐 들뜬 내게 요한이 한 말의 앞부분이 일침을 가한다. 그러다가도 후반부의 말은 나를 용기백배케 한다. 내가 희미하게나마 알고 인식하는 것이 종내에는 살고 실천하는 동력이 되기도 하니 말이다.

여태껏 내게 성령은 오리무중인 분이다. 어디서도 갈피를 잡지 못한 채 헤매고, 어디로 갈 바도 잘 알지 못한다. 답답하다. 내 안의 양극성이 이중성 같아 버겁다. 그래도 이 책으로 그분과 그분 안의 삶을 어떻게 살아내야 하는지 희미하게나마 알게 된다. 삼중적 관계가 골고루 건강하고, 내 안의 양극성을 너그럽게 대해 주며, 각각에 넉넉한 밥상과 빈 의자를 준비하는 것임을.

나는 성령을 부분적으로 알지 몰라도 그분은 나를 확실히 알고 계신다. 나는 그분을 조금 사랑할지 몰라도, 그분은 나를 전폭적으로 사랑하신다. 그분이 나를 아시기에 바울과 함께 말한다. "지금은 내가 부분밖에 알지 못하지마는, 그때에는 하나님께서 나를 아신 것과 같이, 내가 온전히 알게 될 것"(고전 13:12, 새번역)이다. 이 책, 「영적 발돋움」은 부분으로라도 성령과 영적인 삶의 진실 세 가지를 알아 가는 데 대한 최고의 대답이다.

함께 읽을 책

- 나우웬의 최고 작품을 꼽으라면 대부분 「상처 입은 치유자」(두란노 역간)를 가리킨다. 내게 최고의 책은 「영적 발돋움」이지만, 당연히 그런 평가를 받을 만하기에 이의는 없다. 그러나 이 책은 생각보다 만만하지 않다. 몇 번 읽을 때마다 '나우웬의 대표작이긴 하지만, 편안하게 읽지 못할 텐데, 유명하다고 해서 몇 쪽 읽다가 덮고 책꽂이에 유폐된 것이 많을 거야, 아마도' 뭐 그런 생각을 하곤 했다. 이 책은 '사역자가 누구인가'에 관한 것을 담고 있기에 그렇다.

  우리가 살아가는 현대 사회에서는 사역자들이 디딜 공간이 갈수록 좁아지는 형국인데, 목회자의 입지 또한 나날이 축소되고 있다. 권위를 상실하는 마당에 저 스스로 '하나님이 세우신 하나님의 종'이라고 하는 말은 그럴싸하게 들리기보다는 바람 빠진 풍선처럼 맥없게 들린다. 그렇다면 사역자가 누구인지, 시대의 변화와 상관없이 우리를 부르신 하나님의 소명을 살아내는 사역자가 된다는 것이 무엇인지를 묻지 않을 수 없다.

  변두리로 자꾸만 밀려나는 외로움과, 불필요한 존재로 치부하면서도 아예 없는 존재로 부정하기에는 어쩐지 신성의 아우라가 두려워 저 끄트머리에 밀쳐둔, 버림받은, 상처받은 목회자의 상처를 가만히 들여다보면 그 안에 십자가의 그리스도가 보이고, 또 그 상처를 한 꺼풀 걷어내면, 상처받고 웅크리고 울고 있는 우리 시대 사람들의 자화상이 보인다. 하여, 상처받지 않'은' 사람처럼, 상처받지 않'을' 사람처럼 사역하는 자가 아니라, 내 상처를 통해 상처 입은 우리 시대 사람들을 사랑하라는 이 책, 나우웬의 최고의 작품이다.

- 500쪽 이상의 두꺼운 책도 한 권이요, 100쪽 이하의 얇은 책도 한 권이다. 두툼한 책일수록 미궁과 같아서 앞부분은 도통 기억나지 않고, 남은 부분을 보면 '언제 다 읽지?'라는 생각에 한숨만 가득이다. 그럴 바에는 책값은 저렴하지만, 내용은 기품 있는 것, 독서 후에 남는 것도 묵직한, 1만 원이 채 되지 않는 책이 그야말로 가성비 짱이다. 「상처

입은 치유자」도 130여 쪽인데, 「예수님의 이름으로」(헨리 나우웬, 두란노 역간) 역시 활자가 큼직하고 여백도 넉넉해서 편안하게 읽을 수 있다.

이 책은 우리 주님이 광야에서 받은 세 가지 유혹 사건을 통해 하나님의 사역자가 된다는 의미를 풀어낸다. 유혹의 실체를 파악한 다음, 예수께서 승리한 그 유혹이 오늘 우리에게 어떤 도전과 미혹으로 다가오는지를 따지고, 마지막에는 그 유혹을 떨쳐 내는 구체적 훈련 방안을 제시한다. 얇고 가벼워서 빨리 읽을 수 있지만, 사역자에게 일평생 따라붙는 유혹을 정면으로 응시하게 한다. 꽤 오래 기억될 책이다.

5장

죄를 넘어서

존 번연의 「죄인 괴수에게 넘치는 은혜」 읽기

나는 죽을 놈이었구나

나는 기피했다. 굳이 말하고 싶지 않았고, 하더라도 에둘러 말하는 정도였다. 아니, 실은 싫었다. 그것이 솔직한 속내다. 너무 지나치다고 여겼다. 강한 강조는 강요요, 폭력이 아닐까 하는 생각까지 했는데, 뭔가 떨떠름한 것이 사실이다. 그러고 보면, 나는 시대의 아들인 게다. 나는 목사지만, 그 이전에 신자요, 사람이 아니던가. 신자의 정체성보다 시대적 제약에 얽매여 있었다. 이것이 "당신은 죄인입니다"라는 신학적 언명에 대한 내 태도였다.

"나도, 너도 죄인이요"라는 언술을 왜 한사코 피하려 했을까, 나는? 그것을 강조하는 이들에 대한 나의 선입견 탓이다. 거룩함을 말하면서도 자신은 죄인이 아닌 양, 타인을 정죄하는 듯한 고압적인 태도에 진저리를 쳤다. 허나, "너나 잘하세요"라고 말하는 나는 진정 잘하고 있는가?

게다가 "기독교는 독선적이다, 배타적이다"라는 추궁을 피할 길 없는 상황에서 전투적 무신론자들에게 "괜찮은 목사가 한 사람은 있구나"라는 본보기가 되고 싶었다. 하여, 교양과 상식을 가진 신앙인, 인문학과 자연 과학으로 무장한 총체적 지식인이요, 목사라는 걸 과시하고 싶었다. 위선이었을 뿐.

"나는 죄인입니다"라는 고백은 진지하긴 해도 레토릭(rhetoric)에 지나지 않았다. 내 속 깊은 곳에서 '어쩌면 좋습니까, 영 죽을 날 살려주소서, 건져 주소서'라는 절박감은 묻어나지 않았다. 오랜 전통과 관행에 기댄 종교적 의례일 뿐이었다.

그랬기에 배 밭에서 배 서리한 죄를 아주 길게 고백하는 성 아우구스티누스의 「고백록」을 읽을라치면 의아했다. 아니, 뭐 그리 큰 죄를 지었다고 이리도 유난일까? 마르틴 루터도 아우구스티누스에게 뒤지지 않는다. 회개를 어찌나 자주, 그것도 길게 했던지, 그의 고해 담당 사제가 화를 내며 이렇게 말했다고 한다. "네가 하나님에게 화를 내는 거냐, 하나님이 네게 화를 내는 거냐?"

그런 내 중심을 뒤흔들고 얼음 바다를 깨는 도끼처럼 후려갈기는 책을 만났다. 존 번연(John Bunyan, 1628-1688)의 「죄인 괴수에게 넘치는 은혜」(*Grace Abounding to the Chief of Sinners*, 규장 역간)다. 자칭 '죄인의 괴수'

라는 17세기 비국교도이자 침례교 목사의 자서전을 읽으면서, 그의 「천로역정」을 천천히 되새김질하면서, '아, 나는 죽일 놈이었구나, 죽을 놈이었구나'라는 고백을 하지 않을 수 없었다.

용서할 리 없잖아

이 책은 독특하다. 통상적인 자서전 형식과는 동떨어져 있다. 초반부에는 번연의 삶을 조금 다루는가 싶더니, 그 뒤로는 외적 행적을 추적하기보다 내면의 궤적을 추격한다. 그가 무엇을 했는지보다는 그의 영혼에서 들끓던 죄에 대한 예민함에 초점을 맞춘다. 그냥 죄인 수준이 아니라, 죄인이 죄다 모인 자리에서 두목을 선출하는 투표나 거수를 한다면 응당 그 자리를 차지할 것이라고 말하는 어느 죄 많은 영혼의 자서전이다.

찢어질 정도로 가난한 대장장이 집 아들로 태어난 그는 초등학교도 겨우 졸업하고 일찌감치 생활 전선에 뛰어들었고, 가업을 이어서 대장장이가 되었다. 그랬던 그가 "이전 것은 지나갔으니 보라 새것이 되었도다"(고후 5:17)라는 말씀이 딱 들어맞을 정도로 변화를 경험한다. 그 출발은 결혼이었다. 그의 아내 역시 가난했기에 제대로 혼수를 준비할 수 없던 터라, 겨우 책만 달랑 갖고 왔다. 그것들은 청교도들의 작품이었다. 고작 책 두 권이었지만, 그것으로 그의 삶이 변화되었다. 자신이 죄인임을, 그리고 자신의 죄인 됨과는 비교할 수 없는 절대적 은총을 발견하였기 때문이다.

이 책은 온통 죄에 관한 이야기로 가득하다. 페이지를 넘길 때마다 죄, 죄, 죄다. 끔찍한 살인을 저지른 것도, 사기나 절도, 폭력을 일삼은 것도 아닌데, 번연은 계속해서 죄로 인해 괴롭고 고달파한다. 그래서 하나님의 은혜와 용서의 복음을 들어도 믿지 못한다. 그는 말한다. "나 같은 죄인을 용서할 리 없잖아"(31쪽). 나 같으면 그리 말하지 않는다. "나 정도면 괜찮고 용서받을 만하잖아"라고 말할 테다.

허나, 죄는 그리 쉽게 용서받을 성질의 것이 아니다. 죄는 몸에 확고하게 새겨진 낙인과 같아서 쉽사리 지우지 못한다. 몸에 밴 습관인 양 자주 드나들던 기생 천관의 집으로 제 주인을 인도한, 아니 어쩌면 주인의 마음을 알아차리고 데리고 간 김유신의 말과 같다. 몸속 깊숙이 젖어서 나조차 내 마음대로 어찌하지 못하고 짓고 마는 것이 죄 아니던가.

그러니 입으로는 주야장천 회개한다며 죄를 토설하고 용서를 청하지만, 정작 회개에 합당한 열매는 겨자씨 한 알만큼도 보이지 않는 게다. 죄에 대한 감수성이 없으니, 죄에서 돌아설 리 만무하다. 그걸 뼈저리게 알기에 번연은 "용서할 리 없잖아"라며 자조한다. 하여, '우리의 원초적 내면에 아로새겨진 부패는 전염병'과 같아서 영원히 거리두기를 해야 한다.

하여, 번연은 예수를 부인한 베드로, 예수를 배신한 가룟 유다, 팥죽 한 그릇에 장자권 팔아 버린 에서와 자신을 자주 비교한다. 영웅적인 순교자보다는, 입으로 예수를 부인했으나 몸으로는 결코 떠나지 못한 채 곁불을 쬐며 주변을 배회하고 서성이는 베드로가, 자신이 무슨 짓을 저질렀는지 뒤늦게 깨닫고 몸을 내던진 유다가 어쩌면 죄에 대한 자각 없이, 입으로는 고백하나 몸으로는 배교하는 우리보다 낫지 않을까?

다만, 「침묵」(沈默, 홍성사 역간)의 엔도 슈사쿠(遠藤周作, 1923-1996)가 그런 이들에게 애틋한 연민을 품고 있었다면, 그래서 그런 이들에게도 한없는 용서의 손길을 내미는 어머니 하나님을 소설로 풀어냈다면(이 책 12장을 보라), 번연은 그런 과거와 자신에게서 끝없이 돌아서고자 피 흘리기까지 분투한다. 거북 껍질처럼 붙어 다니는 죄의 등짐을 벗어 던지는 여정에 나선다. 슈사쿠와 번연은 경로가 달랐지만, 결국 용서하는 하나님에 이르렀다.

죄인의 괴수에게도

> "네가 죄를 짓고 있는 동안에도 나는 너를 사랑했다. 너를 전에도 사랑했고, 지금도 사랑하고 있고, 앞으로도 영원히 사랑할 것이다"(129쪽).

마음에서 조용히 울려 퍼진 저 하늘 음성에 대해 번연은 "내 죄가 너무 크고 더럽게만 보여서 몹시 부끄럽고 송구스러웠다"고 적었다. 아, 이 도저한 죄의식이라니. 나도 저 구절을 읽고 다음 문장으로 쉬

넘어가지 못했다. 눈시울이 뜨뜻해지면서 속으로 되뇌었다. '나는 사랑받고 있다.' '나를 사랑하고 있다'에서 '아, 죄인 된 나를 사랑하시다니'로 재빠르고 가볍게 훌쩍 넘어가며 큰 은혜를 받은 양 감동에 젖었더랬다.

그러나 이 죄인의 괴수에게 야속한 마음이 들었다. 죄에 너무 집착하는 듯싶어 싫어지려 했다. 그는 내 서운함을 알아차렸는지, 이 깊은 죄책감이 가진 은혜의 용도를 일러 준다. "죄책감도 은혜가 된다"(90쪽). 어떤 의심은 신앙에서 멀어지게 하지만, 역설적으로 진리에 이르게 하는 의심이 있듯, 저 중한 죄의식은 놀라운 하나님의 은혜를 자각하지 않고는 불가능하다. 하나님 은혜 없는 죄인의 처절한 밑바닥을 가감 없이 드러내는 통로인 게다.

하나님 앞에 나아간다는 것은 "내 모습 그대로, 악하고 불경건한 죄인인 상태 그대로 나아가 죄인임을 자백하고 은혜의 발 앞에 엎드리는 것"(141쪽)이다. 짐짓 시치미를 떼고 그동안 수행한 몇 가지 선행을 들먹이면서 자신은 그리 나쁜 인간이 아니라고 우길수록 경건한 '바리새인'이 된다. 반면 자신의 모습을 있는 그대로 인정할수록 용서받은 '세리'가 된다. 하늘 같은 내 죄를 한 터럭도 안 되는 선행으로 가리려고 수작하면 태양에 타 버리고 말지만, 하늘 같은 은혜 앞에 내 죄를 실토하면 해처럼 빛나는 법이다.

죄가 큰 만큼 은혜도 크다(162쪽). 죄가 제아무리 막강한 권세로 우리를 포박해도, 은혜를 능가하지는 못한다. 죄가 아무리 넓어도 태평양에 떠 있는 나룻배다.

하늘을 두루마리 삼고 바다를 먹물 삼아도
한없는 하나님의 사랑 다 기록할 수 없겠네
하나님의 크신 사랑 그 어찌 다 쓸까
저 하늘 높이 쌓아도 채우지 못하리(새찬송가 304장).

그리스도의 보혈로 용서하지 못할 죄가 어디 있으랴. 내 죄를 용서하기 위해 오신 주께서 이미 용서하고 기다리시는 것을.

사랑이 깊으면 외로움도 깊다는 노랫말이 있다. 성경은 외친다. "죄가 많은 곳에, 은혜가 더욱 넘치게 되었습니다"(롬 5:20, 새번역). 내 죄가 하나님을 슬프게 하고, 사람을 아프게 하고, 무엇보다 나 자신을 괴롭히지만, 그것이 나를 이전과 다른 삶으로 초대하는 관문일 줄이야. 은혜를 알아야 죄의 실상을 보지만, 죄의 실체를 봐야 은혜로 나아가기도 하는 법이다. 자학하기 위해, 정죄하기 위해 "나는 죄인입니다"라고 고백하는 것이 아니다.

나는 죄인이기에 죄를 지었지만, 죄인이기에 은혜의 보좌 앞에 겁 없이 나아간다. 날 위해 대신 죽으신 그 사랑에 겨워, 그 은혜에 취해 부끄러움을 무릅쓰고, 아니 부끄러운 줄도 모르고 걸어간다. 차마 바울과 번연처럼 "죄인 괴수"라고는 말하지 못한다. 그렇다. 구름같이 허다한 죄인 괴수의 무리 틈에 섞여 있다. 그래, 나는 죄인이다. 용서받은 죄인이고, 용서하는 죄인이다.

「죄인 괴수에게 넘치는 은혜」를 읽은 나는 「천로역정」을 집어 들었다. 영화에서는 죄의 등짐을 가장 마지막에 벗어 버리지만, 원작에서는 초기에 죄의 짐을 벗고 그 다음부터 이어지는 순례 여정이 메인 스토리가 된다. 등장하는 인물들의 이름을 눈여겨보면 하나같이 성품 또는 미덕과 관련된 것임을 알 수 있다. 죄를 용서받은 자는 삶의 열매로, 인격으로 하나님을 닮아 가는 여정을 걷는다.

나도 그 여정 중 어느 지점에 있었다고 생각했는데, 아니었다. 내가 죄인임을 철저하게 인정하고 처절하게 싸우지 않는 한, 하늘 가는 길의 초입에서 맴돌 뿐이다. 수십 년간 신앙생활을 하고 목회를 해온 내가 이제 막 그 도상에 올라섰다. 「천로역정」의 크리스천이 성경과 선배와 동행의 안내를 따라 마침내 하늘 도성에 다다른 것처럼, 죄인된 나도 성경과 번연의 책을 길라잡이 삼아 제자의 길을 걸어가 보려 한다.

죄인 중 괴수의 이야기를 읽으며 감당치 못할 넘치는 은혜를 입었다. 이제야 진실로 고백한다. "나는 죄인입니다, 나는 죄인입니다." 이것을 아는 것이 은혜다. 죄인의 괴수에게 넘치는 은혜는 나를 통해 새롭게 쓰일 것이다. 이게 어디 나의 영적 자서전에만 국한되겠는가. 나 같은 모든 죄인의 이야기일 테니.

함께 읽을 책

- '존 번연'이라는 이름보다 「천로역정」(존 번연)이 더 익숙하고 유명하지 싶다. "성경 다음으로 많이 읽힌 책"이라는 평이 있을 정도로 많이 읽힌다. 자신이 죄인의 괴수임을 발견하고 구원에 이르는 한 인물의 여정을 다룬 1부와, 그의 남겨진 가족을 구원하는 이야기인 2부로 구성되어 있다. 기독교 신앙을 교육하고 무엇보다 신앙과 성품을 훈련하는 책을 찾는다면, 품격 있으면서도 대중적으로 읽히는 데 손색없는 책을 구한다면, 더할 나위 없는 최상의 교과서다. 게다가 애니메이션 영상도 있다.

  워낙 중요하고 유명하다 보니 번역본이 다양하다. 주의할 점이 두 가지 있다. 하나는 앞서 말했듯이 「천로역정」은 1, 2부인데, 우리가 익히 아는 「천로역정」은 1부만 담고 있다(애니메이션 영상도 그렇다). 그러니 이 책을 제대로 읽기 원한다면 2부도 번역된 책을 골라야 한다. 다른 하나는 현대인이 이해하기 쉽도록 원작을 줄이고 고치고 다듬은 책이 많다는 것이다. 청소년과 청년, 초보자라면 괜찮지만, 읽은 다음에 원작 그대로 번역한 것이 아니었다는 것을 뒤늦게 알고 허탈해하지 않기를 바란다. 유명한 동화 작가인 이현주 목사의 「천로역정」(범우사 역간)과 포이에마 출판사에서 나온 두 권이 1, 2부를 모두 번역하였다.

- 내가 「천로역정」을 읽은 방식을 소개한다. 원작을 읽으면서 밑줄 치고, 내 생각을 여백에 적는다. 그런 다음 해설서를 읽으면서 이 책을 이해하는 데 도움이 될 만한 내용을 원작의 여백에 옮겨 적는다. 내가 함께 읽은 해설서는 「이동원 목사와 함께 걷는 천로역정」(이동원, 두란노 펴냄)과 「구원의 길로 인도하는 천로역정 해설」(김홍만, 생명의말씀사 펴냄)이었다. 메모한 방식은 두 가지인데, 하나는 "이동원, 87쪽"이라고 적는 것이다. 이 본문의 이해를 돕는 내용이 그곳에 있으니 찾아보라는 표시인 거다. 다른 하나는 그 내용을 간추려서 적는 것이다. 내가 읽은 「천로역정」(포이에마 역간)의 52쪽 맨 아래에 "넓은 길 찾는 이유: 자신의 육신적 성향과 죄 된 삶을 버리지 않아도 됨, 김홍만 71

쪽"이라고 썼다.

이것이 나의 고전 공부 방식인데, 상당히 유용하다. 얼추 보면 번거롭다. 하지만 독서 후 효과는 효율적이다. 저 두 책 말고도 최근에 해설서가 많이 나오고 있으니, 공부에 큰 도움이 될 것이다. 그리고 한국의 존 번연이라 불리는 순례자 이동원 목사님의 "필그림하우스"는 하늘 가는 여정을 직접 경험할 수 있도록 꾸며져 있다. 다녀온 이들이 최고의 영적 경험이었다고 입을 모은다.

6장 고난을 넘어서

십자가의 성 요한의 「어둔 밤」 읽기

하나님이 곁에 있어도 어두울까

하나님이 사무치게 그리울 때면 나는 종종 하늘을 올려다본다. 하나님은 하늘에 있다고 우리 주께서 가르치셨으니까. 파아란 하늘을 보면 행여 하나님이 보이지 않을지, 내게 뭐라도 속삭여 주지 않으실지, 토닥거려 주지 않으실지 싶어 무작정 쳐다본다. 어떤 날은 맑은 하늘 탓인지 하나님을 본 듯 상쾌하다. 또 어떤 날은 하늘이 어두워서인지, 먹구름이 잔뜩 껴서인지, 그냥 눈물이 뚝 떨어진다. 대개 하늘은 말이 없다.

고개를 떨군 나는 행여 세상 속에서라도 하나님 계실까 싶어 둘러

본다. 세상 돌아가는 꼬락서니를 보니 그 옛날 하박국이 울부짖던 때처럼 정의가 없는 시대, 폭력이 난무해도 제 것 지키느라 약자의 목소리는 파묻혀 버리는 시대다. 가진 자들은 더 가지겠다고 아우성치고, 없는 자들은 없이 사는 서러움에 눈물바다다. 항의하기도 지쳤다. 해서, 시니컬하게 묻는다. "하나님, 뭐하세요? 어떡해요?"

이번에는 내 안을 가만 들여다본다. 왜 나를 보냐고? 저 물음 속에 똬리를 틀고 있는 것은 결국 '나'이기 때문이다. 내게 하나님이 없으니 저리 보이는 게다. 하나님에 관한(about) 일로 너무 바쁘다. 정작 하나님의(of) 일, 하나님의 마음은 헤아리지 못한다. 「모든 사람을 위한 성경 묵상법」(성서유니온 펴냄)에서 "모든 사람"에 어찌 내가 빠질까마는, 종종 나는 거기에 없다. 나 아닌 모든 사람, 나 빼고 모두에게 으름장을 놓는다, 매일 묵상해야 한다고.

원인을 알 수 없는 헛헛함에 멍한 상태로 지낼 때, 무엇으로도 채울 길 없는 내 영혼이 공복감에 시달릴 때, 말한 것, 글 쓴 것과 정반대로 살아가는 내가 한없이 역겨워 보일 때, 십자가의 성 요한(St. John of the Cross, 1542-1591)이 쓴 「어둔 밤」(*Dark Night of the Soul,* 바오로딸 역간)을 꺼내 읽는다. 내가 왜 이러는지 모를 때, 내 안에 죄가 있어 그런 것인지, 하나님과 동행하는 여정에서 통과해야만 하는 '어둔 밤'인 것인지 종잡고 싶어서다.

어둔 밤을 지나며, 고난

왜 지금 내게「어둔 밤」인가? 모름지기 그리스도인이란 하나님과 동행하는 사람이다. 그리스도인의 정체성은 '하나님을 닮아 가는 자', '하나님을 살아내는 자'라고 규명할 수 있겠다. 이 책은 동행의 여정에서 사막처럼 메마른 영적 상태를 경험한다고 일러 준다. 그런 영적 상태가 없을 수는 없으며, 그것 없이는 영혼의 성장도 없다고, 그 시기를 부정적으로만 보지 말라고, 지나고 보면 그런 시기가 있어서 지금의 네가 있다고 다독인다.

사실, 모든 영성가의 웅숭깊은 저술 이면에는 그의 고단한 삶의 이력이 자리하고 있다. 죽을 만큼 힘들고 아팠기에 시대를 초월한 고전을 남길 수 있었다. 중세 후기, 십자가의 성 요한 역시 매한가지. 극도로 빈궁한 집안의 막내아들로 출생하였고, 어려서 아버지를 여읜 그는 세상을 등지고 하나님과 누린 천상지복의 기쁨을 일찍이 맛보아서인지 혹독한 기도와 고독 속으로 빠져들기를 좋아했다.

그래서 카르멜 수도회의 수도사가 되었으나 만족하지 못하고, 은둔 생활을 하는 봉쇄 수도원인 카르투지오 수도회로 옮기려던 찰나, 평생의 소울 메이트인 아빌라의 테레사(Teresa de Cepeda y Ahumada, 1515-1582)와 운명적으로 만난다. 아빌라의 테레사는 도피가 아니라 개혁을 촉구했고, 십자가의 성 요한은 이에 응하여 카르멜 수도회의 개혁 운동에 발 벗고 나선다. 수도회 개혁에 자기 몸을 내던지면서 '십자가의 요한'으로 개명해서인지, 그의 생애는 내내 예수 그리스도의 십자가의 시간을 닮았다.

모든 개혁은 반발에 부닥치게 마련. 심지어 '벗'이어야 할 이들이 적으로 돌변한다. 그는 동료 수도사들에 의해 톨레도의 감옥에 불법적으로 구금당한다. 아홉 달 동안 고문과 심문을 당하면서 이루 말할 수 없는 좌절과 분노에 치를 떨었을 터. 감금된 독방에서 하나님 경험을 설명하는 최상의 언어는 '하나님의 부재'였으리라. 그것은 마치 예수 그리스도의 십자가의 시간과 같았으리라.

하나님이 죽었다는 것도, 하나님이 없다는 것도 아니다. 하나님은 멀쩡히 살아 계시거늘, 눈 씻고 찾아봐도 광기 어린 신앙과 그런 신앙이 대세라며 그에 편승해 버린 이들만 즐비하다. 그러니 하나님이 계시지 않는다는 '신의 부재'보다는 하나님이 계시지 않은 것처럼 느껴진다는 '신 부재 의식' 혹은 '신 부재 경험'이라고 해야 옳겠다.

하나님에게 버림받았다는 느낌은 다른 어떤 것과도 견줄 수 없으리만치 힘들다. 고난을 경험해 본 사람에게 무엇이 가장 힘들었는지 물으면 십중팔구 이리 대답한다. " '하나님이 나를 버리셨구나, 나를 사랑하지 않는구나'라는 사실이요." 돈도 아니다, 건강도 아니다, 사람도 아니다, 바로 하, 나, 님. 아들도 아끼지 않는 절대 사랑인 분이 왜 날 사랑하시지 않는지, 왜 날 외면하시는지 그 이유를 몰라 몸부림치고, 몸서리쳐지는 외로움과 서러움에 운다.

요한은 우리의 시각을 뒤집는다. 하나님의 부재가 아니고 하나님의 충만한 임재의 시간이라고 말한다. 빛이 사라진 어둔 터널 같지만, 눈에 보이는 것들을 좇아 살던 신앙과 삶에 대한 자기 성찰과 자기 부인의 시간이다. 하나님 아닌 것을 하나님으로 알고 지냈음을, 하나님 닮은 것과의 친밀한 시간을 하나님과의 동행으로 착각했음을, 나는 잘 지내고 있다고, 나는 잘 믿고 있다고 오만방자했음을 일깨운다. 하나님으로 믿고 따른 것이 아니라, 하나님을 믿는 데서 오는 즐거움을 하나님 이상으로 사랑한 나, 그것이 나였음을 아프게 말해 준다.

내 영혼의 의사가 내린 진단은 이러하다. "자기가 원하는 바를 하나님도 원하시기를 바라고 하나님 뜻에 자기 뜻을 맞추기를 꺼리므로 …… 제 뜻, 제 재미가 없는 일이면 하나님의 뜻도 아니라고 생각하는가 하면, 이와는 달리 제 마음이 흡족하면 하나님도 좋아하시리라 믿[는다.]" 내 감정을 하나님처럼 경배해 온 진실이 탄로 나니까 아프고 시린 게다.

처음에는 하나님에게서 오는 것이 너무 좋았다. '이게 예수 믿는 맛이구나' 싶어 신이 났다. 허나, 그것은 하나님이 주시는 '것'이지 '하나님'은 아닌 게다. 그러기에 어미가 젖을 떼기 위해 젖가슴에 쓰디쓴 먹칠을 해두듯, 어머니 하나님은 우리를 온전한 메마름과 내적 암흑 속에다 두신다. 우리는 어미에게 버림받았다고, 사랑받지 못한다고 야단법석 떠는 아이와 같다. 더 좋은 것을 주시기 위한, 성장을 위한 과정인데 말이다.

이것이 요한이 말한 영혼의 어둔 밤, 특히 "감정의 어둔 밤"이다. 이런 어둔 밤은 우리를 수동적으로 만든다. 내가 하나님에게서 무엇을 얻어 내고 쟁취하는 것이 아니다. 기독교는 '계시' 종교다. 계시는 하나님 스스로 자기 자신을 열어 보여 주심이다. 그분에게 무언가를 강요할 수 없고, 무례하게 함부로 그분의 커튼을 열어젖힐 수 없다. 그분은 하나님이고 우리는 사람이며, 그분은 하늘에 계시고 우리는 땅에 있으니까.

내 안에 웅크리고 숨어 있으면서 모든 것을 내 맘에 들도록 조작질해대는 나, 그리하여 내 기준에 맞지 않으면 잘라 버리는 프로크루스테스와 하등 다르지 않은 나, 그런 나를 무참히 짓이겨 버리시는 하나님, 옛 자아와 단절하게 하시고, 예수와 하나 되는 새 자아로 거듭나도록 황량하고 메마른 시기, 광야를 걷게 하시는 하나님. 그 하나님이 내 안에 있다. 그러니까 내 입맛에 맞는 하나님은 내 안에 없다. 그런 나도 없어야 한다.

어둔 밤 지나면, 사랑

그래도 내 속내를 감추지 않고 말한다면, 그런 하나님이 싫다. 광야가 너무 척박해서 그렇다. 물 없이 바짝 마른 곳을 지나가기란 쉬운 일이 아니지 않은가. 성경에서 읽는 광야는 낭만으로 보일는지 몰라도 몸소 겪으면 지옥이 따로 없다. 광야를 피해서 돌아가는 길이 있을 리 만무하지만, 언제까지나 광야에 살 까닭도 없다. 감정적인 밋밋함과 쓸쓸함이라는 광야를 통과하면 하나님만으로 즐거워하는 복락의 세상인데도 나는 애굽의 고기 가마를 그리워

한다.

하나님은 내게 왜 이러실까? 아니, 십자가의 성 요한은 무섭도록 깜깜한 밤을 어찌 이다지도 긍정적으로 해석해 낼까? 그건 사랑이다. 요한의 전 생애와 신앙을 결정한 러브 스토리가 있으니, 바로 부모의 사랑 이야기다. 고아요, 유대인이요, 가난하기 이를 데 없는 여인을 사랑하여 귀족 가문에서 파문당한 남자, 사랑하는 이를 위해 자기 모든 것을 포기하는 것을 희생이라 여기지 않고 기쁨으로 여긴 아버지, 자신의 안일과 행복을 기꺼이 마다할 줄 아는 아버지와 어머니의 사랑, 그 사랑을 듣고 배우며 살았기에, 그는 사랑은 감정이 아니라는 것, 자신의 감각적 쾌락을 버려야 참 사랑이라는 것을 알았다.

이 십자가의 사람은 "하나님이 왜 나를 이런 삭막하고 쓸쓸한 곳으로 내몰고 방치할까"라는 물음에 "사랑"이라 답한다. 나를 사랑하사 자기 아들도 아끼지 않으시는 하나님의 사랑, 그 사랑이 때로 나를 아프게 한다. 나도 내게 묻는다. "나는 그 하나님을 사랑하는가? 그 하나님에 대한 나의 감정을 즐기는 것은 아닌가?" 톨레도 감옥에서 겪었던 그 어둡고 어두웠던 경험을 토대로 기록한 이 책에서 요한이 옥중에서 지은 사랑 노래의 첫 소절은 이렇다.

"어느 어두운 밤에 / 사랑에 타 할딱이며."

나는 오늘도 목마른 사슴처럼 나를 찾기에 갈급한 그분의 사랑에 겨워 하늘을 바라본다.

함께 읽을 책

● 십자가의 성 요한은 하나님에게 나아가는 길이 소극적으로는 인간적인 일체의 것을 벗어버리는 여정이며, 적극적으로는 하나님과 하나 됨에 이르는 여정이라고 말한다. 「어둔 밤」에서 우리 영혼의 감각적인 즐거움이나 감정적인 확실함이 하나님에게 나아가는 길의 걸림돌이 될 수 있다고 말했다면, 「가르멜의 산길」(십자가의 성 요한, 바오로딸 역간)에서는 영혼에 있어서 능동적인 요소들이 어떤 작용을 하는지 말한다. 앞의 책에서 영혼의 감각적인 면을 다루었으니, 이제는 인간의 이성과 의지와 같은 좀 더 능동적인 것의 작용을 살핀다. 이것들은 하나님을 살아내는 여로에서 털어 내야 할 것이지만, 그것들이 하나님 안에서 제자리를 잡으면 영적 유익이 있음을 말한다. 최근 방효익 신부가 「어둔 밤」과 「가르멜의 산길」(이상 기쁜소식 역간)에 역자 주를 달아 다시 번역했다.

● 뜨겁고 화끈한 체험만이 아니라 밋밋하고 아무 별일 없는 나날들 속에 깃든 은총을 되새기다 보면, 결국 고난도 어둔 밤과 같은 역할을 할까, 그런 의문이 든다. 우리 각자가 겪은, 겪어 낸, 겪어 낼 갖은 고난은 우리를 하나님에게로 이끌까, 아니면 돌아서게 할까? 고난이 무엇인지, 왜 있는지에 관한 온갖 고담준론이 무슨 소용 있을까 싶다. 고난을 주제로, 그것도 구약 성경의 두 책을 '고난'이라는 키워드로 읽어 내는 「하박국, 고통을 노래하다」(복있는사람 펴냄)와 「욥, 까닭을 묻다」(두란노 펴냄)를 썼지만, 여태 그랬듯이 앞으로도 나는 누군가가 고난이 무엇인지, 왜 있는지, 어떻게 해야 하는지를 물어온다면, 얼버무리거나 그닥 자신 없는 목소리로 이 얘기, 저 얘기 주워 삼킬 듯하다.
그리하여, 십자가의 성 요한이 우리의 욕망이나 이성 등을 의지에 복속시키고, 그 멱살을 낚아채서 하나님에게로 끌고 가야 한다고 했던 것처럼, 나 역시 고난 자체가 우리를 하나님에게로 이끈다기보다는 우리의 신앙 의지를 발동시키기로 하는 우리의 선택이 하나님에게로 이끌리게 할 수 있다고 본다. 고난이 우리를, 영적으로 끝이 보이지 않는 듯한 어둔 밤이 한 사람의 인생을 건강하게 바꾸는 것은 생각보다 적다고 하지만, 삶은 어둡고 고통이 득시글거리지만, 그럼에도 삶은 살 만한 것이다. 하나님은 그 어디에나 존재하시기에, 고통 한복판에도 계시기에 우리는 욥처럼 고난 속에서 하나님에게 종주먹을 대지만, 그래도 하박국처럼 노래할 것이다.

7장

내 안의 길을 찾아서

몰리노스의 「영성 깊은 그리스도인」 읽기

길이 없어, 길이

전대미문의 상황이다. 역사책이나 카뮈(Albert Camus, 1913-1960)의 「페스트」, 혹은 교양 다큐멘터리에서나 본 듯한 전염병이 창궐하는 세상이다. 일상은 뒤죽박죽이고, 온 세상은 혼돈하다. 내면은 공허하기 이를 데 없다. 마치 창조 이전의 세상을 보는 듯하다. 어찌할 바를 알지 못하는 그야말로 암흑천지다. 길을 잃은 것이 아니라 길 자체가 끊어졌다. 어찌할꼬.

수천 년의 교회사적 지혜가 필요한 때다. 내가 떠올린 영성 고전은 하나같이 외부가 아니라 내면을 가리킨다. 길은 내 안에 있다. 다른 곳에는 길이 없다. 길인 듯 보여도 그 끝은 천길만길 낭떠러지다. 그러니 엉뚱한 곳을 헤매지 말고, 너 자신에게로 돌아가라. 너 자신이 단단히 서 있지 않는 한, 외부의 길은 네 길이 아니다. 네 안에 길을 만들고 열어라. 그 길을 걸어라.

그 지혜는 또한 말하기를 그 길은 곧 주의 길이어야 한다. 길의 시작도, 끝도, 그 과정도 십자가에 매달린 예수 그리스도시다. 사도의 고백처럼 '십자가 외에 다른 것을 알지 않'는다(고전 2:2). 안들 무엇 하리, 터가 무너지고 있는데. 주님이 계시지 않는데. 십자가의 주님이 계신 곳은 내 안에 있고, 저 황량하기 그지없는 광야, 곧 사막에 있고, 세상 한복판에 있다.

안과 밖의 길

사람들은 불안하면 우선 움츠린다. 후다닥 안으로 숨어든다. 마치 바닷가 바위에 딱 붙어 있는 말미잘이나 바위 사이를 어지럽게 다니는 게를 툭 건드리면 밖으로 향해 있던 모든 촉수를 안으로 거두어들이듯 바짝 웅크린다. 밖에서 벌어지는 상황을 관망하고 위기가 지나기를 기다리면서 그렇게 자신을 지키는 것이리라.

내가 찾은 영성 고전은 17세기 영성가 미구엘 몰리노스(Miguel de Molinos, 1640-1697)의 "영적 안내"(*The Spiritual Guide*)다. 「영성 깊은 그리스도인」(요단 역간), 「영성 교훈」(은성 역간)으로도 번역된 이 책은 17세기가 배경이다. 개신교 지역인 독일에서는 경건주의가, 영국에서는 퀘이커주의가 일어날 당시, 가톨릭이 우세한 프랑스에서는 잔느 귀용 부인(Jeanne Guyon, 1648-1717)과 프랑수아 페늘롱(François Fénelon, 1651-1715)이, 스페인에서는 우리의 주인공 몰리노스가 이른바 '정적주의'(Quietism) 운동을 벌였다. 독일, 영국, 프랑스와 스페인에서 각각 일어난 경건주의, 퀘이커주의, 정적주의 운동을 한데 묶는 단어는 '내면주의'일 것이다.

이 운동들의 공통점은 사상적으로 당대의 합리주의, 신학적으로 정통주의, 교회적으로 형식주의에 대한 반동이자 반발로 일어났다는 것이다. 이성, 교리, 제도 자체가 문제인 적은 없다. 다만 다른 모든 것까지 딱딱한 논리로 재단하고, 엄격한 교리로 판단하며, 철저한 제도로 제약하는 것이 잘못이지. 그것이 지나치게 드세어지면, 사람들은 자유로운 내면세계로 도피하고 만다. 형식 없이는 내용도 없지만, 내용을 압살하는 형식은 폭력이다.

때문에, 몰리노스는 하나님과 깊은 교제 안에 거하려 한다면 피상적 기도와 관계를 넘어서자는 말로 책을 시작한다. 이 영성가는 세상만사를 단순하게 분류한다. 이것 아니면 저것이다. 그것이 무엇이든간에 말이다. 기도는 물론이거니와 영성도, 겸손도, 고독도, 심지어 사람도 두 종류다. 이 목록은 꽤나 길다. 그 모든 것을 가르는 기준은 딱 하나다. 외적이냐 내적이냐, 표면적이냐 심층적이냐다.

외적인 것의 대표를 하나 지목한다면, 바로 이성이다. 이성적인 신앙, 생각이 많은 기도다. 이성은 하나님에게 가기 위해 거쳐야 할 것이고, 전혀 불필요한 것이 아니다. 나쁘지 않은 출발점이다. 허나, 주님과 더 깊이 동행하려면 이성과 지성을 내려놓고, 아니 버려두고 주님 품에 풍덩 안겨야 한다. 엄마 품에 안겨 젖 먹는 아이가 엄마와 젖에 대해 어떤 이성적 추론도 하지 않은 채 향유하듯 말이다.

하지만 몰리노스는 가톨릭교회에서 이단으로 정죄받았다. 대표작인 이 책에서도 이단이라는 근거는 찾지 못했고, 2만 통의 편지는 죄다 불태워 버렸다. 조작일 가능성이 많은 증언만 남았지만, 여태껏 공개된 바 없다. 몰리노스의 신비주의가 가톨릭의 제도들, 예컨대, 사제주의, 성례전주의, 미사를 거부하거나 약화할 우려 때문이었으리라, 짐작할 따름이다.

신비주의자답게 하나님과 인간 사이를 매개하는 중재자의 역할을 축소했다. 이는 고해 성사나 성례전 따위의 중요성을 약화하는 것으로, 가톨릭 신학의 급소를 친 것과 진배없고, 사제와 교황의 역린을 건드린 것과 다를 바 없다. 그가 명시적으로 거부하지 않아도, 은연중에 풍긴 인상이 그러했다. 이성도, 사람도, 제도도 불필요하거나 축소하는 통에 기성 권위와 질서의 반감이 한 번 확산하면 걷잡을 수 없다. 하나님과 직접 소통하기를 추구한 종교 개혁자들과 그의 후손인 우리는 몰리노스의 주장을 좀 더 편하게 받아들인다. 그래서인가? 앞서 언급한 세 명의 신비주의자는 가톨릭교회보다 개신교회에서 더 많이 읽는다.

사회적 거리두기로 홀로 지내야 할 시간이 많아졌다. 그동안은 프로그램이나 시스템 안에 있기만 해도 신앙을 그럭저럭 유지했다. 그,

러, 나, 지금은 쉽지 않다. 교회라는 제도와 시스템 없이도 버틸 신앙적 여력을 확보해야 한다. 내가 하지 않은 것, 나 밖의 무엇이 아니라 내 안에 이미 계신 하나님, 언제까지나 함께 계시는 주님을 만나야 할 때다.

이 모든 것은 딱 하나, 하나님이 어디 계시는가에 달려 있다. 오랜 영적 구도자에게 하나님은 다른 어느 곳에 계시지 않는다. 설사 계신다 하더라도 그것은 수건을 둘러쓴 모세의 얼굴일 뿐, 베일을 벗은 참 하나님은 아닌 게다. 몰리노스는 명토 박아 말한다. “하나님은 여러분 내면 깊은 곳에 거하십니다”(24쪽).

그래, 맞다. 내 마음이 성전 아니던가. 하나님이 다른 곳 아닌 각 사람의 내면에 임하여 계시는 한에 있어서, 나는 내 안에 계신 하나님의 존전으로 나아가야 한다. 그곳에서 하나님을 만나는 것 말고는 다른 도리가 없다. 하나님을 그분 계신 곳에서 만나지, 어디서 뵙는단 말인가. 위대한 아우구스티누스가 고백하지 않았던가. “하나님을 찾아, 영혼의 안식을 찾아 온 세상을 쏘다녔으나 만나지 못했는데, 다 포기하고 돌아와 보니 당신은 내 안에 계셨다”라고(『고백록』, 5권 2장).

내 안으로 난 길

이 지독한 신비가는 호락호락하지 않다. 내 안의 나를 긍정하라는 부류는 결코 아니다. 괜찮다고, 별일 없다고, 잘하고 있다고, 너는 소중한 사람이고 보석 같은 존재라고, '천상천하 유아독존'이라는 따위의 얄팍한 위로를 건네지 않는다. 오히려 혹독하게 내 안의 이기심과 안일함을 질타한다. 내가 나다워지려면, 하나님의 자녀가 되려면, 때 묻은 정도가 아니라 세상에 푹 절은 나를 죽여야 한다는 가혹한 말을 서슴지 않는다.

내 안의 하나님에게로 가는 길에는 십자가가 서 있고, 그 길은 애당초 처음부터 십자가를 지고 가는 길이었다. 내 안의 하나님만 말하면, 자칫 범신론의 그것과 하등 다를 바가 없다. 때문에, 내면세계로 이어지는 영성의 길은 필히 십자가를 통과해야 한다. 십자가 없는 내면세계는 욕망덩어리일 뿐이기에.

앞서 몰리노스는 "이것 아니면 저것"이라는 양자택일적 논리를 구사한다고 했다. 내면과 외부, 표면과 심층, 참과 거짓의 대결 구도라면, 내 속의 나에 대해서도 같은 잣대를 들이대는 것은 자명한 이치일 터. 내 속의 하나님을 말한다는 것은 내 속의 악한 나, 죄인 된 나, 부서지고 뭉개져야 하는 나, 욕망으로 들끓는 나, 나도 어찌할 수 없는 욕망의 노예요, 포로 된 나를 동시에 말한다는 의미다. 그래서 내면은 십자가를 피하기 위한 은신처가 아니다. 십자가를 찾기 위한 곳, 십자가를 지기 위한 곳이 마음이라는 성전이다.

이는 달리 말하면 '자기 포기'다. 또는 '자기 부인'이다. 하나님을 사랑한다는 것은 십자가와 자기 부인의 다른 말이다. 내가 나의 주인이 되기를 완전히 포기하고, 자아를 십자가에 단단히 박아 버리는 것이다. 그러나 이것은 '자기 학대'가 아닐까? 이건 해도 해도 너무 심하지 않은가?

그렇지 않다. 여기서 초점은 나를 부정하는 것이 아니다. 오직 '하나님 한 분과 더불어 사는 것'이다. 사랑하는 임과 함께 저 푸른 초원 위에서 영원히 사는 길은 내 이기심으로 주님을 조종하는 것이 아니라, 주님의 눈길과 손길에 나 자신을 온전히 맞추는 것이다.

「어린 왕자」에서 사막의 작은 여우가 말하지 않았던가. "사랑은 길들여지는 것"이라고. 상대방을 내게 길들이는 것이 아니라 사랑하는 이에게 나 자신을 온전히 맞추는 것이라고. 이전의 내 습관과 방식을 포기하는 일은 간단치 않지만, 그럼에도 그것이 불가능하지 않은 것은 더 이상 좋을 수 없는 것을 위해 훨씬 나쁜 것을 버리는 일이기 때문이다. 지금은 하나님과 튜닝할 시간이다. 유튜브 교인이나 넷플릭스 예배자가 아니라, 하나님과 눈 맞춤할 때다.

내 안의 길을 걷고

내면세계로 돌아가는 것은 지나치게 주관적이라는 의문을 피할 수 없다. 일리 있다. 한국 교회사에서 회자하는 민족 대부흥 운동은 500년의 역사를 지닌 왕조가 결국 망하고 말았을 때 조선인들이 느낀 헛헛한 마음을 위로해 주고, 울 수 있게 해주었다. 물론, 역사는 역사로 부딪쳐야 하고, 땅에 넘어진 자는 땅을 딛고 일어서야 하지만, 잠시 누웠다가, 잠깐 쉬었다가 일어날 수도 있는 것이다. 눈 좀 붙여야 다시 걷는 법이다.

또 한편으로 내면세계로 돌아가는 것은 현실도피이지 않은가라는 반문이 생긴다. 그런데 우리의 안내자는 차라리 아무것도 하지 말라고 확언한다. "외적으로 하나님을 찾는 자들은 항상 무슨 일을 행하고자 합니다." 지금은 무언가를 자꾸 하는 족족 문제가 되는 실정이다. 나쁜 나무는 나쁜 열매만 맺을 뿐이다. 이럴 때 무얼 하는 것은 실수와 과오라는 뫼비우스의 띠에서 허우적대게 할 뿐이다.

그런 시도 역시 인간 중심적이다. 인간이 무언가를 행해서 하나님에게 받아내려는 작당이다. 칭찬과 인정에 급급한 나머지 결국 보상과 대가를 요구한다. 십자가에 죽으러 가는 예수 앞에서 누가 큰 자인지를 두고 볼썽사나운 난리법석을 피운다. 하나님이 아닌 자기 자신을 위해 열정을 쏟기 때문이다.

지금은 아무것도 하지 않는 것이 더 힘든 때다. 그러나 내적인 길은 다른 것이 아니다. 하나님의 임재 안에 머무는 것, 내 안의 하나님에게 온 존재를 집중시키는 것이다. 잠잠히 주를 기다리는 것, 두려워 말고 가만히 하나님의 구원을 보는 것, 바로 그것이 모든 길이 끊어진 듯한 이 시국에 우리가 걸어야 할 길이다.

함께 읽을 책

● 특이하게도 몰리노스와 귀용, 페늘롱은 가톨릭 신비주의자인데, 한국 개신교인들이 좋아한다. 그들의 책은 대부분 개신교 출판사에서 출간되었다. 아무래도 신비주의의 속성이 인간이 만든 시스템을 하나님과 인간을 중재하기보다는 가로막는 장애물로 여기고, 직접적으로 하나님과 사귀고자 하기에, 사제 없는 미사를 상상할 수 없는 가톨릭(이를 중재 신학 또는 매개 신학이라고 한다)보다는 "모든 신자가 제사장"이어서 하나님 앞에 각 개인이 직접, 그리고 인격적으로 교제해야 한다고 가르치는 개신교 정신에 가깝기 때문이리라. 그중에서도 잔느 귀용의 「예수 그리스도를 깊이 체험하기」(생명의말씀사 역간)와 「영혼의 폭포수」(기독교문서선교회 역간), 프랑수아 페늘롱의 「그리스도인의 완전」(복있는사람 역간)을 추천한다. 귀용과 페늘롱의 책을 찬찬히 읽으면서 하나님의 가슴으로 뛰어들기를, 책을 덮으면서 하나님의 가슴에 오래 머물기를 바란다.

● 한 시대가 지나치게 경직되면 반작용으로 으레 등장하는 것이 신비주의다. 가톨릭에서 위의 3인방이 있었다면, 개신교회에는 '경건주의'가 출현하였다. 저들과 동시대인인 스페너 역시 「경건한 소원」(은성 역간)에서 하나님과의 직접적인 만남을 강조했다. 16세기 종교개혁은 칭의, 곧 구원의 출발점을 지나치게 강조하다가 구원 그 이후의 지속적인 신앙생활을 간과하고 말았다. 독일 루터교인인 스페너는 칭의 못지않게 성화와 매일의 경건 훈련을 역설한다. 그리고 성경 읽기와 소그룹의 중요성을 상기시킨다. 17세기가 아니라 21세기에 쓰인 듯하다.

● 미국 개신교회에 가톨릭 신비주의를 열렬히 소개한 이는 A. W. 토저이지 싶다. 토저는 우리에게 예언자적 풍모로 알려져 있지만, 신비주의자이기도 하다. 그가 마틴 로이드존스에게 한 말을 나는 사랑한다. "당신과 나는 같은 자리에 이르렀소. 다른 길을 통해서 말이오. 당신은 청교도의 길, 나는 신비주의의 길"(제임스 스나이더, 「A. W. 토저」, 두란

노 역간, 159쪽). 그래서 토저를 더 좋아하게 되었는데, 이번 영성 고전 읽기에서 그의 책「하나님을 추구하라」(복있는사람 역간)가 빠진 것이 못내 아쉽다. 본질을 추구하는 사람들, 근원을 파고드는 사람들은 매섭다. 말이 거칠다. 그러나 단순하다. 그래서 아름답다. 하나님을 그만큼 사랑하기 때문이다. 청양고추처럼 맵지만, 중독성 강한 영성 작가가 토저다.

8장

내 마음속 사막을 찾아서

「사막 교부들의 금언집」 읽기

지금 사막에서

사막에 이미 살고 있다, 우리는. 그렇지 않다고 완강하게 고개를 흔들어도 소용없다. 우리는 오래전부터 사막 한복판에서 살고 있었더랬다. 풍요로운 세상에서 더 부요한 삶에 목을 매지만, 내 삶 전부가 사막이었다. 온종일 숱한 이를 만나지만, 만나도 만난 게 아니다. 피상적이다. 내 마음을 들여다볼라치면, 퍼석퍼석한 모래알이다. 내 삶이 황량한 사막 같고, 내 내면이 모래알처럼 퍼석할 때, 나는 「사막 교부들의 금언집」(*The Sayings of the Desert Fathers Systematic Collection*, 두란노 역간)을 펼친다.

때는 3세기, 콘스탄티누스 대제(Constantinus, 280?-337) 이후로 기독교는 소수의 신앙에서 다수의 신앙으로, 핍박받는 종교에서 핍박하는 종교로 변질하였다. 가진 것이 많아졌기 때문이다. 힘이 생기고, 돈이 넘치고, 수가 많아졌다. 풍요의 시대가 도래한 것이다. 교회가 세상에 승리한 줄 알았는데, 낙타가 주인을 몰아낸 양, 세상이 교회 안으로 비집고 들어와서 교회를 세상으로 만들어 버렸다. 세상과 하등 다를 바 없고 세상보다 못한 교회를 떠나 참된 교회와 신앙을 찾아 나선 이들이 이집트의 사막으로 점차 모여들었다. 그러하기에 로완 윌리엄스(Rowan Williams, 1950-)의 말마따나 그들은 "도망자가 아니라 전사였고 여행객이 아니라 순례자"였다(『사막의 지혜』, 비아 역간, 9쪽).

지금 우리 시대의 판박이가 아닌가. 우리는 사막인지 모르고 산다면, 그들은 사막인 줄 알고 살 뿐, 우리와 그들은 실상 하나도 다르지 않다. 아니, 다른 점이 있다. 그들은 고대의 사막에서도 풍성했다면, 우리는 고도 문명의 혜택에도 헛헛하다. 가난과 금욕과 고독을 추구했으니 가진 게 무에 있으랴마는, 바울이 말한 바, 그들은 "가난한 사람 같으나 많은 사람을 부요하게"(고후 6:10) 한다. 반면, 우리는 빈손인데도 '가오'를 잡으려고 무지 용쓴다. 그러니 사막 교부의 금언에 귀를 기울여 보자.

그때의 사막으로

콘스탄티누스 황제 때, 기독교에 대한 박해가 종식되고 오히려 기독교가 유일무이한 공식 종교로 등극하자, 일단의 무리가 사막으로 탈주한다. 왜? 두 가지 이유에서다. 하나는 교회가 세상이 되었기 때문이다. 세상을 변화시켜야 할 교회가 세상에 의해 변화되었다. 제도권 교회에 대한 안타까움이 이 책 곳곳에 드러난다. 주교나 사제의 영적 무지몽매를 이곳저곳에서 놀려 댄다.

다른 하나는 세상이 기독교적으로 바뀌었다는 착각을 거부했기 때문이다. 세상을 악마화해서는 안 되지만, 세상이 신성한 곳이라는 믿음도 거부해야 마땅하다. 기독교적 국가가 되었다고 해서 세상이 기독교적으로 되었다는 것은 환상이고 허상일 뿐. 제아무리 웅장하고 화려해도 무덤에 회칠한 것일 뿐이다. 때문에 참다운 교회를 꿈꾸며 산 위에 우뚝 선 마을이 되고자, 밟히지 않고 제맛 내는 소금이고자 그들은 광야로 나섰다.

시작은 안토니우스(Anthony the Great, 251?-356?)였다. 그는 아우구스티누스 회심에 일조한 것으로도 유명하다. 그를 필두로 암모니우스(Ammonius, ?-?), 파코미우스(Pachomius, 292-346), 마카리우스(Makarius the Great, 300?-390) 등이 자신만의 광야를 일구고, 자신 안의 세상, 내 안의 악과 투쟁하기 시작했다. 이집트에서 튀르키예를 비롯한 소아시아 지역으로, 그리고 마침내 유럽 전역으로 수도원 운동을 꽃피웠다. 시작은 270년경이었고, 320년 무렵에 점차 확산하다가 100년 동안 불꽃처럼 타올랐다.

사막 한가운데서 임재

그 불꽃이 내게 옮겨붙은 것은 헨리 나우웬이 쓴 한 글귀에 매료되면서다. 그들은 세상에서 도망간 것이 아니라는 문장이다. "사막으로의 도피는 세상이 유혹하는 순응주의를 벗어나는 방법이었다"(「마음의 길」, 두란노 역간, 11쪽). 그리고 진짜 세상 한복판으로 진입했다는 것이다. 아니, 이상타. 세상에서 달아나 은둔하는 것이 아니라니. 회피가 아니라 세상 한가운데로 뛰어든 것이라니. 모름지기 사람은, 하나님의 얼굴을 닮은 우리는 '사이'(間)에서 살아야 한다. 너 없이 나 없고, 나 없이 너 없는 법. 그런 관계를 내팽개치고 인적 드문 광야로 들어간 이들이 세상을 찾아 떠난 자들이라니. 괴이하기 그지없다.

그러나 이 의문은 우리에게 가장 먼저 읽으라고 편집한 첫 대목에서 풀리기 시작한다. 사막 교부들의 영성을 가장 잘 품고 있는 어록이 가장 첫 부분에 연달아 등장한다. 제자가 안토니우스에게 하나님을 기쁘게 하는 삶을 묻는다. 어디로 가든 하나님을 모시고 살 것, 성경이 가르치는 대로 순종할 것, 여기저기 가볍게 옮겨 다니지 말 것, 이 세 가지가 우리의 영적 스승이 들려준 대답이다.

어디에서 무엇을 하든 하나님의 임재를 의식하며 살라는 것은 모래 바람이 끊이지 않는 삭막한 곳에서도 하나님을 만날 수 있다는 말이다. 헤롯 성전처럼 아름답고 거대한 건물에 가로막혀 그분의 현존을 의식하지 못했으나 오히려 사막에서는 경험한다는 말이 아닐는지. "내 주 예수 모신 곳이 그 어디나 하늘나라"(새찬송가 438장)이고 하나님은 계시지 않은 곳이 없으니, 그 어디나 성전인 셈이다. 그러하기에 사막은 사막이 아니라 성전인 게다. 그러니 도피가 아니다.

허면, 그 어디나 하늘나라라면, 굳이 떠날 이유는 무엇인가? 내 사는 세상이 나를 규정하게 하지 않기 위해서다. 나를 속박하는 세상의 기준들, "너는 이런 사람이고, 이렇게 살아야 사랑받고 성공한다"라는 일체의 속삭임을 가만 듣고 있자면, 결국 스펙을 말하고 있다. 나 아닌 나, 하나님이 만드신 내가 아닌 다른 무엇을 내게 들씌운 것에 지나지 않는다. 그렇게 살다가 지친 나는 모래알이 된 지 오래다.

로완 윌리엄스는 '도피'라는 고대어를 '투사'(projection)라는 현대어로 번역해 준다(「사막의 지혜」, 114-115쪽). 내가 너에게, 네가 나에게 바라는 것을 정작 행할 의지 없이 노력도 하지 않은 채 명령하고 기대하는 것에서 도망가라는 뜻이란다. 탁월한 해석이다. 서로가 서로에게 투사하다가 마침내 모방 경쟁에 휘말려 자멸하고 공멸하기 전에, 나다운 삶, 하나님이 원하는 삶을 찾으라는 것이다.

사막 한가운데서 고독

사막 교부의 대안은 고독이었다. 완덕(完德)으로 나아갈 것을 권하는 1장 다음은 '내적 고요', 곧 고독의 중요성을 일깨운다. 그것이 세상으로부터 멀찌감치 달아난 이유다. 압바 이사야가 내적 고요함에 이르기 위해 세상을 떠났다고 말하자 제자는 공손히 여쭌다. "세상이란 무엇인지요?"(45쪽) 이에 스승은 "걱정거리로 가득 찬 곳이 세상이라네. 세상이란 영혼을 희생하면서까지 육을 돌보는 곳"이라고 답한다.

많이 소유하라고, 아프리카의 가젤보다 빨리 달리라고 닦달하는 세상의 요구에 우리는 걱정과 불안으로 반응한다. 낙오자요 실패자로 낙인찍는 곳에서 사는 한, 바닷물을 삼키듯 언제나 목이 타고 허기질 텐데도 돌아서지 못한다. "사람들을 피하라. 그러면 구원받을 것이다"(41쪽)라고 했을 때의 '사람'이란 '세상적인 사람'을 말한다. 외적인 것으로 자기를 자랑하고 남을 무시하는 사람들, 그들과 어울릴수록 나는 물 밖 물고기 운명이다.

그러니까 수도자들이 강조하는 고독은 한편으로 세상의 말을 듣지 않음이고, 다른 한편으로 하나님의 말을 들음이다. 침묵은 '말하지 않음'이자 '말을 건넴'이다. 욕망과 분노에 가득 찬 말, 싸우고 이기려는 말이 아니라 진실과 사랑의 말을 쏟아 내는 것이다. 그리하여 홀로가 아니라 하나님과 함께 무수한 밀어를 나눈다.

그런데 말이다, 실상 나는 가장 세속적인 세상에 대해 여태 말하지 않았다. 세상 중의 세상이 있다. 바로 '나'다. 내심 '너'라고, '그'라고 생각했는데, 착각도 유분수. 헛된 바람으로 이것도 하고 싶고 저것도 갖고 싶어서, 더 달라고 끝도 없이 닦달하는 내 안의 나에게서 떠나지 않으면, 그 어디나 세상이다. 다수의 기준에 나를 맞추고자 애걸복걸하는 한, 남들과 똑같은 옷, 똑같은 차, 똑같은 집을 갖지 못해 애면글면하는 한, 내가 세상이다. 해서, 교부들은 "가서, 그대에게 폭력을 가하라"(422쪽)라고 일침을 가한다.

수도사들의 아버지인 안토니우스는 내적 고요에 청각, 시각, 그리고 말과의 싸움보다 더한 투쟁이 남았다고 경고한다. 바로 "마음과의 싸움"(41쪽)이다. 그냥 마음이겠는가. 욕망하는 마음, 비교하는 마음, 판단하고 정죄하는 마음이렷다. 그랬기에 그들은 침묵을 통해 쉴 새 없이 보채는 마음의 소리를 듣고, 그것을 뚫고 하나님의 음성을 들었다. 몸만 사막에 둘 것이 아니라 마음을 사막에 두어야 하는 게다.

다시 지금 사막으로

이 책을 완독하기란 쉽지 않다. 상당히 두텁다. 아이러니하게도 침묵과 고독을 강조하는 사막 교부들이나 하나님을 말하는 것의 위험성을 줄곧 강조한 중세의 부정 신학자들이 의외로 많은 기록을 남겼다. 게다가 일목요연하지 않다. 서언에는 아무렇게 편집한 것이 아니기에 정신을 집중(28쪽)하며 독서할 것을 권하지만,

만만치 않다. 나름 주제별로 편집했으나, 들쭉날쭉하거니와 상반된 주장도 심심찮다.

이럴 때는 처음부터 끝까지 차곡차곡 쌓는 방식이 아닌 곶감 빼먹듯 읽을 일이다. 여기 조금, 저기 조금 읽는 이 방식은 은수자들이 말한 바, 산만함의 전형일 수 있겠으나, 하루에 한 꼭지씩 읽어 나간다면, 마침내 은은한 향기에 취할 터. 출퇴근길을 오갈 때나 길을 걸을 때, 멍 때리는 순간에, 멍청한 스마트폰이나 외롭게 만드는 SNS를 절제하고 이 책의 한 구절만이라도 되새김질한다면, 내 안의 황량한 황무지에 꽃이 필 것이다.

함 께 읽 을 책

- 인간의 마음이 '우상 공장'(칼뱅)이라면, 이 책은 명언 공장이다. 곱씹고 되새김질할 어록이 지천으로 널렸다. 해서, 몇 개의 말씀을 뽑았다. 「사막 교부들의 금언집」을 읽고 또 읽으면 우리 마음이 우상 공장에서 명언 공장이 될 것이다. 독자들도 그 명언들 가운데 마음에 품을 말씀을 골라 보길 바란다.

"그대의 의로움을 확신하지 마시오. 지나간 일을 후회하지 마시오. 혀와 배를 절제하는 자가 되시오."

"사막에 머물며 내적 고요 안에 사는 자는 세 가지 싸움에서 자유롭게 되는데, 그것은 청각과 떠벌리는 것과 시각에 대한 싸움이다. 그에게는 오직 하나의 싸움만이 남는바, 곧 마음과의 싸움이다."

"그대가 구원받기를 원한다면 그대가 누군가를 찾아갔을 때 상대방이 질문하기 전에는 먼저 말을 꺼내지 마시오."
"언제까지 잠잠히 있어야 합니까?" "질문을 받을 때까지 그래야 한다네. 듣기 전에는 말하지 말아야 하는 법이네."

"죽은 사람처럼 되시오. 사람들이 무시하든 존경하든 죽은 사람처럼 신경 쓰지 마시오. 그러면 그대는 구원을 받을 것이오."

"모든 점에서 자기 자신에게 폭력을 가하는 것, 바로 그것이 하나님의 길이다."

"내가 성경을 읽을 때, 내 마음은 질문에 답할 수 있도록 훌륭한 설교를 준비하기에 여념이 없습니다." "그런 건 필요 없습니다. 오히려 마음의 깨끗함으로 이해하고 말할 수 있도록 하시오."

9장 삶을 찾아서

귀고 2세의 "수도사의 사다리" 읽기

살려고 읽었다

"죽일까? 죽을까?"

나의 고난 연대기는 대략 5년이었고, 그 시기에 주야로 묵상한 물음을 한 문장으로 요약하면 바로 저것이다. 사색형 인간인 햄릿은 '존재하느냐, 마느냐'라는 고상하기 그지없는 물음을 던졌지만, 나는 미치도록 절박했기에, 조금은 천박하지만 죽이느냐, 죽느냐로 나의 실존적 고민을 압축했다. 그가 죽든지, 아니면 내가 죽든지 둘 중 하나를 하지 않으면 도무지 헤어 나올 수 없는 수렁에 갇혀 죽을 판이었다.

그런 내가 죽임과 죽음 사이의 음침한 협곡을 통과할 수 있던 비결은 딱 세 가지다. 순서대로 말하면, '하나님의 은혜', '가족의 지지', 그리고 '책'이다. 처음이 가장 중요하고, 셋 중 제일은 은혜지만, 책이 없었다면 어땠을까? 아마 살지 못했을 것이다. 살아도 산 것 같지 않은 날을 보내고 있었을 터. 여기서 책은 경전으로서의 성경과 고전과 인문학 저서들이다. "한 손에는 성서를, 다른 한 손에는 독서를!" 이것이 당시 나의 구호였다.

언제부턴가 성경과 고전, 인문학 저서가 차츰차츰 통합되고 융합되기 시작했다. 성경을 읽는 방식으로 책을 읽고, 책 읽는 법이 성경 읽기에 도움을 주었다. 성경을 읽듯 고전을 읽은 산물이 「곤고한 날에는 생각하라」(죠이북스 펴냄)라면, 고전을 읽듯 성경을 읽는 방법을 정리한 것이 「모든 사람을 위한 성경 묵상법」(성서유니온선교회 펴냄)이다.

뒤의 책에는 내 나름의 독서법과 더불어 동서양의 고전과 현인들의 공부법이 녹아 있다. 특히 공자(孔子, 주전 551-479)와 다산 정약용(1762-1836)의 독서법이다. 서양의 것으로는 본회퍼의 「성도의 공동생활」이 있다. 또 하나가 바로 이 책 「성독: 귀고 2세의 수도사의 사다리」(은성 역간)에 실린 "수도사의 사다리"로, 귀고 2세(Guigo II, ?-1188)가 편지 형식으로 쓴 빼어난 글이다. 본래 이름은 "관상 생활에 관해 쓴 편지"다.

발은 땅을 딛지만 영혼은 하늘을 향하고

저자에 관해 알려진 바는 그리 많지 않다. 귀고 2세는 카르투시오 수도회가 태동할 당시, 초창기 구성원 중 한 사람이다. 나중에 그가 이 수도원의 원장이 되었고, 이 빼어난 작품의 저자라는 것 말고는 알려진 것이 별로 없다. 이 수도원의 특징은 침묵과 고독, 기도와 가난이다. 하나님과 대화하기 위해, 날마다 내 속에서 들끓는 욕망의 목소리를 잠재우기 위해 이들은 쉼 없이 기도한다. 이곳의 정체가 궁금한 사람은 이 영화 제목을 들으면 감이 잡힐 것이다. 〈위대한 침묵〉(2009).

이 편지를 쓰게 된 경위를 살펴보면 이 책과 수도원의 성격을 여실히 알 수 있다(20쪽). 귀고 2세는 노동하면서도 영성에 관해 골똘히 생각하던 차에 내용이 떠올랐다고 말한다. 땅바닥을 딛고, 땅에서 나온 것으로 먹고사는 그는 육체의 손으로는 바쁘게 일하지만, 하늘을 보고 살라고, 하늘을 품고 살라고 창조된 인간이기에 그의 영혼만은 언제나 하늘을 향해 있었다. 일상을 살면서도 하나님을 생각하는 것, 그 비결이 스물한 쪽 분량의 이 긴 편지에 빼곡히 담겨 있다.

한 평짜리 독방에 평생 거주하면서 세상을 향해 문을 닫아걸은 듯해도, 어디서나 밥을 먹어야 하고, 일해야 하고, 성경을 읽고 기도해야 하는 그리스도인의 삶은 누구나 매일반이다. 그러기에 이 중세 수도사가 전해 주는 성경 읽기의 지혜는 그저 수도원 뜰 안에서만 통용되는 방식이 아닌, 누구에게나 통용될 수 있는 방식이다.

하늘 가는 사다리

이 책이 시대를 건너올 수 있었던 것은 독창성 때문이 아니다. 그보다는 종합적, 체계적으로 정리한 공헌이 크다. 많은 부분이 이전의 영성 고전에서 취해 온 것이다. 고대 교부인 니사의 그레고리우스(Nyssenus Gregorius, 335/40-394 이후)의 「모세의 생애」와, 이름 그대로 산에 오르는 사람인 요한 클리마쿠스(John Climacus, 579?-649)의 「거룩한 등정의 사다리」에서 말한 것을 수용하고 자기화하여 정리하였다. 이 두 책은 신앙의 여정을 계단으로 설명하였는데, 각각 7개와 30개다. 귀고는 4개로 깔끔하게 정리하였고, 모든 성경 읽기의 기준을 보여 주는 고전이 되었다.

제르바시오라는 또 다른 수도사가 성경을 읽는 법에 관해 여쭌 모양이다. 그 질문에 대한 답신이 바로 이 글이니 말이다. 그러나 '사다리'라는 은유가 몹시도 강렬한 나머지 제목이 바뀌었다. "수도사의 사다리." 사다리는 어딘가를 오르내릴 때 유용한 도구다. 우리가 하나님에게 나아가고, 하나님이 우리에게 내려오시는 통로를 일컫는 말로, 그레고리우스와 클리마쿠스의 것을 차용한다.

귀고의 사다리는 달랑 4개다. '읽기'(렉시오[*lectio*]), '묵상'(메디타치오[*meditatio*]), '기도'(오라치오[*oratio*]), '관상'(콘템플라치오[*contemplatio*])이다. 한 계단씩 차곡차곡 밟아 올라가듯 저 순서를 따라 하나님에게 올라가고, 하나님도 저 길을 밟고 올라오는 것을 허용하신다. 허나, '사다리'라고 하는, 달을 가리키는 손가락에 지나치게 집착하지 말아야겠다. 우리가 흔히 아는 일직선의 사다리보다는 나선 모양을 생각하는 것이 낫다. 사다리 맨 아래와 맨 위가 물고 물려 서로 영향을 주고받기 때문이다.

귀고의 사다리는 순차적이면서도 동시적이다. 구분하면 넷이지만, 결국 하나다. 식사하면서 '지금 나는 먹었으니 이제 씹고, 씹었으니 맛을 보고 즐겨야지'라고 생각하는 사람은 아무도 없다. 이처럼 저 넷은 원초적으로 구분되지 않으며 동시에 일어난다. "묵상 없는 독서는 무익하며, 독서가 선행되지 않는 묵상은 공허하며, 묵상 없는 기도는 미지근하며, 기도 없는 묵상은 열매를 맺을 수 없다"(35쪽). 서로서로 지탱해 준다. 이것 없이는 저것 없고, 반대도 마찬가지다.

네 사다리에 대한 저자의 설명은 무척 단순하고도 아름답다. 음식 먹기에 빗대어 말하면(21쪽), 읽기는 '먹기'이고, 묵상은 '씹기', 기도는 '맛보기', 관상은 '즐기기'다. 성경을 집중해서 읽고 또 읽는 독서를 거치다 보면 저절로 그 뜻을 궁구하게 된다. 묵상하다 보면, 인간의 이성으로는 깨달을 길 없는 하나님의 진실과 마음에 대해 간절함이 솟구친다. 하여, 말씀하시는 그분에게 여쭌다. 이 뜻이 무엇이냐고, 알려 달라고, 깨닫게 해달라고 청원한다. 그리하여 그분이 살짝 드러내 보이시는 오묘한 뜻을 깨달으면, 달콤한 행복에 푹 빠진다.

나는 각 절차를 다룬 것보다 기도의 중요성을 강조한 점이 인상적이었다. 성경 읽기와 일반 독서의 차이를 가르는 경계는 '기도'다. 외관상 성경을 읽는 것이나 동서양의 고전을 읽는 방식은 매일반이다. 하나님을 알지 못하는 사람도 성경을 읽고 이해할 수 있다. 그러나 지성이 아닌 오직 은혜로만 열리는 책이 성경이다. 기도 없이 묵상도 없다.

인상적인 다른 하나는 하나님의 숨어 계심이다. 말씀하시는 하나님은 침묵으로도, 부재로도 말씀하신다. 영적 문제가 전혀 없어도 우리는 '영혼의 어둔 밤'을 겪는다. 그것이 우리를 좌절케 하지만 주님을 더 갈망하는 동기로 삼게 하시려는 것이 그분의 본심이다. 때문에, 우리는 성경을 읽는다고 해서 날마다 폭포 같은 은혜를 경험하지 못한다. 성경 읽었으니까, 묵상했으니까, 기도했으니까 저절로 은혜가 부어지리라고 기대하는 것은 하나님을 내 손아귀에 넣으려는 교만에 다름 아니다.

족하게 해줄 좋은 것 한 가지, 읽기

단출하지만 어느 하나 버릴 것 없이 꽉 찬 이 텍스트가 오고 올 모든 세대에게 성경 읽기의 고전이 되리라는 점은 의심할 여지가 없다. 헌데, 한 가지가 아쉽다. 내게는 네 개의 계단도 많다. 주께서 마르다에게 이르셨듯, 좋은 것 하나면 족하다(눅 10:42 참조). 네 가지 중 하나만 잘하면 나머지 모든 것을 수행한 것과 진배없다. 바로 사다리의 첫 계단인 '읽기'다.

나는 읽기만 잘해도 나머지 세 계단을 올라설 수 있다고 본다. 시작이 반이라고 했으니, 성경 읽기만 잘해도 묵상의 절반을 한 셈이다. 독서 속에 묵상과 기도, 관상이 다 들어 있다. 본디 시편 1편 2절에서 말하는 "묵상"은 입으로 소리 내어 반복적으로 나지막이 읊조리는 것이다. 시편 말씀 그대로 성경을 읽으면 자연스레 읽기와 묵상이 되고, 기도로 이어진다. 묵상 잡지 편집장들에게 물어보니 읽기가 대체로 7할을 차지한다고 한다. 더도 말고 덜도 말고 읽기만 잘하자. 읽으면 산다. 읽으면 살린다.

그렇게 읽으면 어느새 말씀에 흠뻑 젖어 든다. 말씀에 풍덩 빠지면 물을 머금은 스펀지마냥 말씀이 내 안으로 스며들고, 내가 말씀에 잠기면 툭 건드리기만 해도 내 안에서 말씀의 향기가 풍겨 나올 터. 애써 실천하려 하지 않아도 저절로 묻어나게 마련. 그런 뜻이렷다.

읽어서 살았다

'죽일까, 죽을까'를 날마다 묵상하던 못난이가 이제는 '살고, 살리는' 삶을 아주 조금 산다. 말씀 묵상 덕분이다. 어찌하든 간에 성경을 읽었고, 성경 앞에 오래 앉아 있었고, 성경 안에 잠기고자 했다. 그랬더니 나는 죽지 않고 살게 되었고, 나만 사는 것이 아니라 남도 살리는 일을 하고 있다. 오직 말씀의 능력이다.

누가 내게 "성경을 왜 그리 열심히 읽나요?"라고 묻는다면, 나는 다음과 같은 정해진 공식 문구를 들려준다. "죽지 않기 위해서요. 너무 처절한가요? 그렇다면 살기 위해서요. 살아도 산 것처럼 살기 위해서, 살아도 제대로 살기 위해서 나는 말씀을 묵상하지 않을 수 없습니다." 어떤가. "참 잘 살았다"라는 고백을 드리고 싶지 않은가. 길은 하나다. 말씀 묵상이다. 그 결과는 다음 둘 중 하나다. 주 안에서 죽을까, 주 밖에서 죽을까?

함께 읽을 책

- 같이 읽을 책으로 자천하는 일이 수줍기는 하지만, 나의 저서인 「모든 사람을 위한 성경 묵상법」과 「모든 사람을 위한 성경 독서법」(이상 성서유니온선교회 펴냄)을 꼭 읽어 보라고 용기를 내어 권해 드린다. 시편의 첫 시에서 다윗이 말한 '묵상'이라는 한 단어를 키워드 삼아 「모든 사람을 위한 성경 독서법」은 성경 읽는 법을, 「모든 사람을 위한 성경 묵상법」은 말씀을 묵상하는 실제적인 방법을 일러 준다. 앞의 책이 성경 읽기의 거시적 접근이고 망원경이라면, 뒤의 책은 미시적 접근이고 현미경에 가깝다 하겠다. 둘이 짝패이므로 같이 읽으면 좀 더 풍성해지리라.

  「모든 사람을 위한 성경 묵상법」은 초보자는 물론이고 묵상 고수에게도 유용하고, 죽어라 묵상하기를 거부하는 청소년이나, 발을 동동거리며 일하느라 하고 싶어도 하지 못하는 신자에게 맞춤형 묵상법을 안내한다. 특히 이 책은 성경과 오랜 기독교 역사에 뿌리내리면서도 서양과 동양의 전통을 아우르고, 그 방식이 한국인의 몸에 밴 오랜 습관과 맞닿아 있어서 남의 것임에도 낯설지 않고 편안하다고 자부한다. 이곳저곳에서 성경 묵상의 교과서로, 묵상 훈련 교재로 널리 사용되고 있다. 책이 잘 이용되어서 고맙고 고맙다.

- 「이 책을 먹으라」(유진 피터슨, IVP 역간)는 가톨릭 전통의 '렉시오 디비나'를 개신교 버전으로 수용한 탁월한 책이다. 가톨릭에서 묵상의 종점은 '관상'이다. 말씀 안에 머무름이다. 개신교에서는 '실천' 또는 '제자도'가 그 귀결점이다. 내 책이 소리 내서 읽는 것에 주안점을 둔다면, 피터슨은 '먹다'라는 단 하나의 키워드에 초점을 맞춘다. 즉 내 책이 시편 1편 2절의 '묵상'을 키워드로 삼았다면, 이 책은 요한계시록 10장 9-10절의 "먹으라"를 핵심으로 삼고 있다. 나는 이 책을 먹었다. 오래 우려낸 맛이 깊다. 한번 맛보기를, 아니 맛나게 잡수기를!

10장

기도를 찾아서

무명의 수도자의 「기도」 읽기

기도, 어렵다

기도에 관해서 말하자면 기, 도, 는, 어, 렵, 다. 어려워도 여간 어려운 게 아니다. 몹시 어렵다. 눈에 보이지 않는 성령이 내게 오리무중이라면, 보이지 않는 하나님과의 대화는 아직도, 아니 앞으로도 첩첩산중일 듯하다. 기도의 달콤함을 조금 알고, 기도의 막막함은 아주 많이 안다. 해도 해도 다함없는 것이 기도거늘, 초입부터 길은 아득하고 까마득하여 한 걸음 내딛기도 두렵다.

내가 기도를 어려워하는 여러 이유 중 하나는 기도하는 나를 유체이탈해서 본 적이 있기 때문이다. 두 손을 번쩍 들고 눈을 감은 채 온

몸을 앞뒤로, 좌우로, 향방 없이 이리저리 흔들며 고개를 끄떡거리고 침을 튀기는 나를 볼라치면, 영락없이 미친놈이다. 내가 기도할 때는 모르지만 옆 사람이 기도하는 모습을 슬쩍 보면, 내가 저렇게 기도하는가 싶어 오싹하다.

말씀과 기도에 전무해야 하는 목사가 기도를 이리 어려워해야겠는가 싶다만, 어려운 것은 어렵다. 게다가 오금을 펴지 못하게 하는 말씀 한 구절이 있으니, 바로 "쉬지 말고 기도하라"(살전 5:17)는 바울 사도님의 말씀이다. 얼마나 단순하고 명징한가. 어떤 수식도 필요치 않다. 그러나 그렇기에 무섭다. 빠져나갈 구멍이 없다. 쉬지 말라는데, 늘, 항상 하라는데, 어휴, 한숨만 푹푹. 숫제 24시간을 몽땅 기도에 바치라는 말인데, 애당초 이 말이 가당키나 한가, 가능키나 한가 말이다.

그러나 내가 애써 못 본 척해도 그 구절이 성경에 있다는 사실, 하나님 말씀이라는 사실은 변함없다. 괴롭히려고, 못살게 굴려고 주신 말씀일 리가 없다. 우리 잘되라고, 저리 기도하여 풍요로운 영적 삶을 살라고 말씀하신 게다. 그분이 무턱대고 저리 요구하실 리 만무하다. 우리 주님이 어떤 분인데! 저 말씀 따라 실천할 수 있는 법, 있지 않을까?

기도, 나를 이끌다

나만 고달팠던 것은 아니다. 지금으로부터 140년 전인 1880년 경, 러시아 땅 한구석에 한쪽 팔을 쓰지 못하는 장애인, 시기에 찬 형의 방화로 할아버지에게 물려받은 전 재산을 홀딱 태워 버리고 알거지가 된 사람, 우연히 "쉬지 말고 기도하라"는 말씀을 듣고는 어떻게 하면 저 말씀대로 살까를 고민하며 많은 설교자와 수도자를 찾아다닌 이가 있었다. 그러고 보면, 지금도 어디에선가 쉬지 말고 기도하라는 도전에 쩔쩔매는 이들이 있지 싶다.

이름을 알 수 없는 이 순례자는 바울의 말씀을 듣고 강호의 영성 고수를 찾아 나선다. 유명하다는 설교자부터 지혜롭다는 현자와 오랜 수련으로 단련된 수도자까지……. 그런데 그들은 하나같이 뜬구름 잡는 답변만 되풀이한다. "기도를 오래 하면 된다", "열심히 하면 된다"라는 식의 아리송하고 하나 마나 한 소리만 늘어놓기 일쑤다.

사실, 이 책 「기도: 삶을 풍요롭게 하는 예수의 기도」(오강남 엮어옮김, 대한기독교서회 역간)에서 말하는 기도, 곧 "예수의 기도"는 헨리 나우웬의 「영적 발돋움」을 통해 먼저 알았다. 나우웬에 따르면, 우리는 하나님에 대한 환상이 많다. 하나님이 직접 열어 보여 주신 하나님이 아니라 내 필요를 채우기 위한 수단으로서 내가 만든 하나님은 환상이고 우상이다. 하나님에 대한 환상을 벗을 해결책은 살아 계신 인격인 분과 생생한 대화를 나누는 것이다. 바로 이 대목에서 "비교적 덜 알려지긴 했어도, 우리 시대의 영적 분위기"(「영적 발돋움」, 168쪽)에 딱 들어맞는 방식으로 나우웬은 이름을 알지 못하는 농부의 기도를 소개했다.

해서, 이 책이 번역되었다는 소식을 듣자마자 구입해서 후딱 읽었다. 기도에 관한 고전으로 이곳저곳에서 들은 터라 궁금하기도 했고, 역자가 "이 책을 읽으시는 분들에게"에서 밝힌 대로 러시아 영성의 고전, 그러니까 동방 정교회의 기도를 대표하는 작품이기에 나의 얄팍한 기도에 깊이를 더할 책이라는 기대감도 있었기 때문에 서둘렀다. 사실 줄거리 상으로는 별 내용이 없다. 이름을 알 길 없는 한 청년이 예수의 기도를 주야장천 읊으면서 러시아 전역을 돌아다니는 내용이다.

하여간에, 기도에 대한 갈망이 깊었던 이 청년은 다행히 큰 스승을 만나고 의문이 풀린다. 바로 예수의 기도다. "주 예수 그리스도여, 이 죄인에게 자비를 베푸소서!"(Lord Jesus Christ, have mercy on me!) 짧고도 단순한 이 기도를 되풀이한다. 들숨과 함께 "주 예수 그리스도여"를, 날숨을 따라 "이 죄인에게 자비를 베푸소서"를 되뇐다. 이 기도법을 따라 하루에 3천 번, 그다음에는 6천 번, 종국에는 1만 2천 번을 기도드린다. 그런 수련 과정을 거치면서 기도가 호흡이 된다. 몸에 밴 습관이 되어 애쓰지 않아도 몸이 알아서 절로 기도한다.

결과는 어땠을까? "어찌 된 영문인지 기도가 저를 깨웠습니다"(43쪽). 내가 기도하는 것이 아니라, 기도가 나를 기도로 이끈다니! 뿐만 아니다. 누구를 만나든 "예외 없이 그들이 모두 제 식구들이나 되는 것처럼 사랑스럽게 여겨졌습니다"(45쪽). 기도란 본디 세상만사를 잊고 종교적 행위에 몰두하는 것도, 세상의 어려움을 돌본다고 영적 관계를 등한시하는 것도 아니다. 예수의 기도는 그 둘을 동시에 잘하게 해준다.

"주 예수 그리스도여, 그리 못하는 이 죄인을 긍휼히 여기소서."
"주 예수 그리스도여, 그리하도록 이 죄인을 긍휼히 여기소서."

예수의 기도로 기도하기

이 기도의 장점은 뭘까? 침묵 기도와 통성 기도 사이에 있다는 점이다. 영적으로 아둔한 탓에 침묵 기도는 그렇지 않아도 힘든 기도를 내려놓게 만든다. 통성 기도는 이따금 드리지만 자주 헛헛하다. 하나님과의 대화가 아니라서 그렇다. 나 혼자 떠들다 일어나니 그렇다. 내 기도를 관찰한 결과, 말이 너무 많다. 말이 끊어진 잠깐의 정적이 어색해서 자꾸 말을 지어내려 든다. 따발총처럼 내 말만 쏟아 놓고, 그분 생각이나 말씀은 들을 생각조차 없이 툴툴 털고 냉큼 일어선다.

예수의 기도를 무한 반복하면, 침묵 기도의 무한한 허공을 헤매지 않아도, 통성 기도의 무의미한 말의 성찬을 쏟아내지 않아도 된다. 하나님의 임재를 의식하며 조용히 침잠하면서도 하고픈 말을 잔뜩 풀어놓는다. 침묵 기도 한답시고 멍 때리다가 잠으로 빠져들지 않아서 좋고, 통성 기도 한답시고 무슨 말을 했는지도 모른 채 헤매지 않아서 더 좋다. 침묵 기도와 통성 기도의 단점을 줄이고 장점은 극대화한 것이 예수의 기도다, 내겐 그렇다.

또 하나의 장점은 늘 기도하라는 사도의 말씀에 순종할 수 있다는 것이다. 24시간 내내 기도로 그분과 동행하는 비법이 여기 있으니, 예수의 기도다. 머리나 입이 아니라 몸으로, 그것도 온몸으로 익혀서 저절로 기도하게 되니 이보다 좋은 길이 있을까 싶다. 그러니 이 길 말고는 "쉬지 말고 기도하는" 방법이 없다 한다면, 과장일까? 다른 길이 있다면 그 길을 갈지어다. 다른 길이 있다면 알려 줄지어다. 그러면 나도 그리 기도하리라.

그리고 이 기도는 무한한 변주가 가능하다. 문자 하나 틀리지 않고 이 기도를 드리는 것은 무조건 강력히 추천한다. 나는 살짝 변형을 가한다. 우선 "자비"라는 단어를 '긍휼'로 바꾼다. 자비는 뭐랄까, 성경에 나온 단어임에도 어딘지 모르게 불교적인 냄새가 물씬 풍겨 조심스럽고, '불쌍히 여겨 주소서'라고 하면 글쎄, 너무 처량하다. 하여, '긍휼히 여겨 달라'고 기도하는 거다. 마음이 힘들면 불쌍히 여겨 달라고 하고, 고요하면 자비를 베풀어 달라고 기도한다.

그다음으로는 "이 죄인을"이라는 자리에 타인의 이름을 대입한다. 예컨대, "주 예수여, 아내에게 자비를 베푸소서"라고 기도하는 것이다. 가족에서부터 교인, 지인 등 나와 관계된 사람들을 만나거나 그들이 생각날 때면, 그 사람의 이름을 넣는다. 한 번 하면 재미없다. 몇 차례 반복하면 깊어진다.

후반부를 바꾸는 것도 무방하다. "주 예수 그리스도여, ○○○이

건강하게 하소서", "건강을 속히 회복하게 하소서", "지혜를 더하여 주소서", "사업이 잘되게 해주소서", "결혼할 짝을 속히 만나게 해주소서", "얼른 직장을 찾게 해주소서"……(기도문의 어미도 다양하게 변형할 수 있다). 느릿느릿 되뇌면, 마음이 촉촉해진다. 더 없이 그가 사랑스러워진다.

이 기도의 특장점은 무엇보다 "기도할게요"라는 기독교인의 공인된 거짓말을 피하게 해준다는 것이다. 따로 기도 수첩에 적어 두지 않는 한, 새벽 기도를 드릴 때마다 일일이 거명하지 않는 한, '기도해준다'라고 무심코 뱉은 말은 부도 수표가 되기 십상이다. 예수의 기도를 그 자리에서 서너 번, 하다못해 한 번이라도 드린다면, 식언치 않으니 다행이다.

하나 더 추가하자. 기도와 노동이 하나로 모인다. 우리네 삶에서 저 둘은 얼마나 먼가. 기도 따로, 일 따로. 직장에서 두 손 모으고 '주여 삼창'을 할 수도 없고, 머리를 조아리고 온몸을 앞뒤로 흔들며 침을 튀길 수도 없다. 하지만 예수의 기도를 드리면 소리 내지 않고 웅얼거리며 기도할 수 있다. 기도하면서 일할 수 있고, 일하면서 기도할 수 있으니 양수겸장이요, 일거양득 아니겠는가. 어디에 있든, 무엇을 하든 예수의 기도라면, 기도와 노동의 지독한 이원론을 털어 내는 것이 한결 수월해진다.

주여, 주여, 주여

어쩌면 이 기도가 주문처럼 보여 거부감이 생길 수도 있겠다. 나도 처음에 그랬으니까. 허나, 세 가지 이유에서 괜찮다. 첫째는 성경적이다. 이 책에서는 고대 교부들의 명언과 권위를 줄곧 인용하지만, 나는 성경에 나오는 한 이야기를 생각했다. 이 기도는 성전에 올라가 감히 고개도 쳐들지 못해 무릎 사이로 박아 넣고, 가슴을 치며 꺼이꺼이 울면서 기도한 세리의 그것을 닮았다. 세리는 다른 어떤 말도 하지 않는다. 다만 이리 기도한다. "하나님이여 불쌍히 여기소서 나는 죄인이로소이다"(눅 18:13). 예수의 기도는 성경에 뿌리박은 기도다.

둘째는 역사적이다. 이 기도의 연원을 거슬러 올라가면 초대 교회 교부에 이른다. 그러니까 이 책에 무수히 등장하는 고대 교부들은 모든 기독교 전통과 공동체의 공통 유산이다. 그것을 동방 정교회가 발전시킨 것이지, 그들은 소유권을 주장할 수 없다. 기독교 전통의 일부다. 그들의 것이 아니라 우리 모두의 기도 전통이다.

마지막으로 한국적이다. 우리는 이미 '한국식 예수의 기도'를 하고 있다. '주여'를 한 번도 아니고, 세 번도 아니고, 수십 번을 되뇌며 기도하지 않는가. '아버지'는 또 어떤가. 어둑한 예배당에 앉아 덩그러니 걸려 있는 십자가를 보며 조용히 '주여', '주님' 하고 부르면, 그냥 눈물이 주르륵 흐른다. 그렇게 몇 번인지 헤아릴 수 없이 읊조리다 보면, 무엇이라 강청하지 않아도 주님이 내 심중을 헤아려 다 들으시는 게 느껴져서 행복에 겨워 물러난 적, 그대 없었던가. 예수의 기도도 길다면, '주여', '아버지', 단 한 단어면 족하다. 많다고 들으시는 것도, 적다고 내치시는 것도 아니다. 진심을 모아 그분의 이름 부르면 들으신다.

기도, 참 쉽다. 주님 이름만 불러도 되니. 기도, 참 어렵다. 주님 이름 부르는 것이 습관이 되고 일상이 되기까지 반복하는 것이. 그리하여 나는 기도한다.

"주 예수 그리스도여, 기도를 어려워하는 이 죄인을 불쌍히 여기소서. 불쌍히 여기소서. 불쌍히 여기소서."

함 께 읽 을 책

● 만 권의 책 중 가장 많이 다루는 주제는 뭘까? 책장을 훑어보았다. 다섯 손가락 안에 드는 것이 '기도'다. 책장 한 칸을 가득 채우고 있다. 왜 이리 많을까? 기도를 많이 하니까? 노노! 기도를 알고 싶어서? 예스 앤 노! 알고 싶은 것은 맞지만, 거기에 멈추어 있다. 그럼 왜? 기도하지 않으니까! 기도는 해야겠는데, 눈 감고 중얼거리는 그 힘든 일을 해내지 못할 때가 참 많다. 그러니 책으로 때우는 거다. 책 한 권 읽으면 조금이라도 기도를 하니까. 기도 서적을 한 권 읽으면 잠시나마 '기도빨'이 선다. 그래서 읽는 거다. 기도에 관해 누구나 알고 있으나 모두가 놓치는 진실은 "기도해야 기도를 배운다"는 것이다.

나로 기도하게 하고 기도의 방법을 알려 준 책이 이 책「기도」라면, 기도가 무엇인지 알려 준 이는 리처드 포스터다. 그는 자신의 책「기도」(두란노 역간)에서 기도를 세 방향으로의 움직임이라고 정의한다. "안으로 향하는 기도", "위를 향한 기도", "밖으로 향하는 기도"다. 나라면, 하나님과의 관계를 가리키는 위를 향하는 기도를 가장 먼저 배치하겠다. 그것이 기초요, 출발점이므로. 다음으로는 나 자신과의 관계인 "안으로 향하는 기도"를, 마지막에는 이웃과의 관계인 "밖으로 향하는 기도"를 둘 것이다.

무튼, 온전하고도 건전한 기도는 동시에 저 세 방향을 향한다. 기도는 하나님, 나, 이웃이라는 삼중적 관계를 총체적으로 반영하고 반사한다. 하나님과 나만의 일대일 관계라고 하지만, 기도는 필연적으로 이웃을 향해 뻗어나가게 마련이다. 나 없이 이웃을 위한 중보 기도만 드릴 수 없고, 나를 위한 기도만 드릴 수도 없다.

나는 포스터의 이 방향을 따라 2000년대 초반 한국 기독교를 달군 두 기도 서적을 나의 첫 책인「공격적 책읽기」(SFC 펴냄)에서 "공격적"으로 비평한 바 있다.「야베스의 기도」(디모데 역간)는 저 세 개의 움직임이라는 잣대를 들이댔더니, 오로지 이기적인 자아의 뻔뻔한 욕망만 난무하는 '더 나쁜 기도'였고,「히스기야의 기도」(절판)는 앞의 기도보다 조금 낫지만, 좋은 기도는 아니었다. 그래서 '덜 나쁜 기도' 책이라고 비평한 바 있다.

오늘도 그 힘든 기도를 위해 내 고개를 숙이고, 무릎을 꿇고, 두 손을 얌전히 모아 하나님의 하나님 되심에 기반해서 내 소망을 아뢴다. 그 모든 것이 결국은 타인에게로 귀결될 때, 기도는 건강하다. 내가 내게 묻는다. '그렇게 썼는데, 그렇게 기도하나?'

- 앞의 책이 기도에 관한 정석이라면, 제럴드 싯처의 「하나님이 기도에 침묵하실 때」(성서유니온선교회 역간)는 기도의 문제점을 하나하나 따져 가며 기도를 묻고 기도의 세계로 초청한다. 우리가 기도하지 않는, 또는 기도를 어려워하는 이유 중 하나는 기도 응답의 확신이 없어서가 아닐까? 내 기도가 내 욕망을 포장하는 수단이 되어서는 안 된다는 강박 때문이 아닐까? 기도를 너무 잘하려다가, 제대로 된 기도를 드리려다가 정작 기도를 잃은 것은 아닐까?

  사랑하는 세 여인(어머니, 아내, 딸)을 한곳에서 한 번에 잃은 이 슬픔의 사람은 왜 하나님이 우리 기도에 응답하시지 않는지를 따져 묻는다. 그리하여 기도의 본질을 상기시킨다. 하나님을 아는 것, 그리고 나 자신이 변하는 것. 케케묵은 정답인데도, 하나님 앞에서 많이 울었던, 악다구니를 쓰며 응답을 호소했던 기도의 사람이 내린 결론이라 예사롭지 않다. 하나님이 침묵하실 때도 기도할 수 있는지 묻는 이 책은 왜 이리 내 맘을 짠하게 하는지, 무릎 꿇게 하는지. 나는 하나님 앞에서 끝까지 침묵할 수 없다. 기도하리라!

- 「복수 기도」(더그 슈미트, 규장 역간)를 추천한다. 한국 사람의 기도를 막는 원인 중 하나가 복수 기도, 저주 기도를 못하게 한 것이라고 확신한다. 기도는 하나님과의 대화요, 사귐이라는 명제가 제1원칙임은 틀림없지만, 그 대화와 사귐에 분노 어린 고함과 함성도 포함된다고 말해 주지 않은 탓이다. 억울하고 분통 터지고, 가슴을 쥐어짜고 숨이 꼴깍 넘어갈 듯한 상황에서도 내 삶을 사망의 음침한 골짜기 한가운데로 밀어 넣은 원수에게 하나님의 정의를, 하나님의 복수를 외치는 기도를 하면 '하나님에게 저주'받을 것 같은 두려움 때문에 기도의 말문이 막히고, 급기야 기도 자체를 그만두고 만다. "하나님, 저놈 죽여주세요"라는 기도를 왜 드리지 못하는가? 기도할 때라도 하지 못하면, 어

떻게 하란 말인가?

성가시겠지만, 〈국민일보〉에 실린 내 칼럼을 챙겨 보기를 부탁드린다. 2018년 10월 2일자 28면의 "화 좀 내!"와 10월 30일자 28면의 "기독교인의 저주법"을, 11월 27일자 28면의 "시편으로 성질부리기"(원래 제목은 "시편으로 지랄하기"였는데, 담당 기자와 의논 후, 독자들의 충격을 고려해서 제목만 살짝 바꾸고, 본문에는 '지랄하기'를 그대로 두었다)다.

세상적이거나 이교적이지 않다. 성경적이고 기독교적인 은혜 충만한 분노 발산법이요, 저주법이요 지랄하기이니, 이따금 해보기를 권유한다. 단, 하나의 조건이 있다. 저 칼럼 어딘가에 빼도 박도 못할 정도로 분명하게 그 조건을 밝혀 두었다. 어쩌면 당신은 알고 있을 것이다. 속 시원하게 답을 알려 주지 않는다고 성질부릴 당신을 위해 정답을 알려 드린다. 분노를 마구 폭발하고, 저주를 퍼붓고, 지랄발광을 해도 되는 조건은 이것이다. 단, 기도하는 시간에만!

2부

우리 가운데 거하시매

11장 사람을 찾아서

도스토옙스키의 「까라마조프 씨네 형제들」 "대심문관" 읽기

산다는 건

사람으로 산다는 것은 무엇일까? 사람답게 사는 것 말이다. 사람으로 태어났으니 사람 아닌 사람이 없지만, 정말 살아 있는 것 같은 삶, 참다운 삶을 사는 이는 극히 드물다. 의미 있게, 보람되게 살고 싶지 않은 이가 어디 있으랴마는, 산다는 것 자체도 벅찬 시대에 사람답게 산다는 것은 괴롭기만 하다. 하루는 버겁고, 인생은 헐겁다. 어디서 길을 잃은 걸까?

그 옛날 지혜자가 그랬듯, 이럴 때는 멈춰 서서 물어야 한다(전 7:14). 곤고하니 생각하게 된다. 이럴 때 나는 톨스토이의 "인생의 세 가지 질문"을 끄집어 읽는다. "가장 중요한 때는 언제인가?" "가장 필요한 사람은 누구인가?" "가장 중요한 일이 무엇인가?" 이 셋은 한 개인으로 잘 살기 위한 질문이다. 이보다 좀 더 본질적이고 근원적인 질문을 할라치면 어김없이 도스토옙스키의 「까라마조프 씨네 형제들」(*Братья Карамазовы*, 열린책들 역간)에서 가장 유명한 "대심문관"을 읽는다.

이념적 무신론자이자 "신이 없다면 모든 것이 허용된다"라는 사상에 심취한 형 이반이 수도자의 길을 걷는 동생 알료샤에게 들려준 이야기다. 소설 속 소설에서 던지는 인간의 존재와 본성에 관해 응축된 질문, 그리고 인류 역사의 과거와 미래, 현재를 포괄하는 질문은 우리 주께서 광야에서 받은 세 가지 유혹 사건이다. 러시아에서 전설의 고향처럼 전해 오는 이야기를 도스토옙스키가 완벽하게 재창조한다. 빵과 자유 사이에서 결국은 빵의 노예가 되는 서글픈 인간들, 인간을 빵에 종속시키는 종교와 권력, 체제에 대해 서슬이 퍼런 비판으로 재각색된다.

먹는다는 건

이야기의 시작은 이렇다. 무더위로 푹푹 찌는 한낮. 무표정한 사람들 사이로 눈빛이 형형한 한 젊은 사내가 걷고 있다. 아무 말도, 어떤 일도 하지 않았건만 사람들은 금세 그의 정체를 알아본다. 웅성거림과 함께 그의 옷자락에 손을 대고 질병이 낫는 기적이 일어난다. 눈먼 장님이 눈을 뜨고, 무덤을 향해 가던 예쁜 딸아이가 살아난다. 그렇다. 그는 예수다. 하나님의 영광을 위해 이단자를 처형하는 장작더미의 불이 꺼지지 않던 중세 말기의 어느 날, 무려 100명에 달하는 이들을 화형에 처한 바로 다음 날이었다.

군중 사이로 조용히 등장한 또 한 사내가 있다. 홍해가 갈라지듯이 사람들이 비켜서고, 모두가 엎드려 머리를 조아린다. 아흔 살에 가까운 나이에도 광채가 나는 눈빛으로 신앙의 적을 모두 무찌르는 이 추기경 역시 아무 말 없이 예수를 응시하기만 한다. 숨 막히는 침묵도 잠시, 이 신앙의 전사가 손을 들어 예수를 가리키자마자 군병들은 복종한다. 체포된 예수는 종교 재판소 건물의 음습한 지하 감옥에 갇힌다.

후텁지근한 밤, 짙은 어둠 사이로 늙은 대심문관이 예수를 찾아온다. 그는 자신이 가둔 이가 예수임을 잘 안다. 아니, 예수이기에 지하에 집어넣은 것이다. 그 옛날 바리새인과 제사장처럼 자신의 종교 사업과 제도의 근간을 위협하는 불온한 인물이기 때문이다. 인간이란 자유의 무게를 감당하지 못하고 빵의 노예로 살아가는 존재다. 대심문관은 인간들이 감당치 못할 자유 대신 빵을 주어 그들의 고민을 덜어 주었는데, 예수가 다시 와서 인간에게 자유라는 그 버거운 숙제를 떠안길 수 있느냐며 거세게 항의한다. 예수는 끝내 말이 없다.

빵과 자유

나는 저 영악하다 못해 간악한 대심문관의 논리에 저항할 수 없었다. 나만 그런 것이 아니다. 도스토옙스키도 그렇다. 무신론을 비판하는 작품임에도 무신론을 설명하는 데 더 공을 들였다고 한다. 이는 이른바 '빌런'이 강력할수록 영화의 완성도와 재미가 증폭되는 것과 같은 이치이기도 하다. 무신론이 시시하다면, 무신론과의 투쟁 또한 동력이 저절로 약화하게 마련이다.

더 나아가 무신론의 논리적 파괴력이 실제로 막강하기 때문이다. 도스토옙스키는 지적으로는 무신론에 기울지만, 심정적으로는 거부감을 느낀다. 우리가 사는 근대 또는 현대라는 시공간은 물질적이고 돈을 추앙하는 사회인지라 비물질적이고 돈이라는 우상을 거부하는 하나님 신앙은 자연히 멀어질 수밖에 없기 때문이다.

실제로 「죄와 벌」의 라스꼴리니꼬프의 논리는 반박 불가다. 가난한 사람을 등치는 사악한 전당포 노파 한 명을 살해하여 그녀가 착취한 것을 수십, 수백의 사람에게 되돌려 준다고 가정해 보자. 그렇게 돌아갈 이익을 계산한다면 자신의 살인은 충분히 정당화될 수 있다는 논리다. 나폴레옹(Napoléon, 1769-1821)이나 알렉산드로스(Alexandros, 주전 356-323)는 수십만, 수백만의 인구를 학살했는데도 영웅으로 칭송받지 않느냐는 주장에 대체 무엇이라 논박하리오.

대심문관의 입을 빌려 말하는 무신론자 이반의 생각도 그렇지 않은가. 빵을 원하는 장삼이사들에게 자유라는 것은 고상하고 추상적이어서 손에 잘 잡히지 않는다. 해서, 그들은 신의 선물인 자유를 감당하지 못할 뿐만 아니라, 빵을 더 원하는 자신들의 욕망을 억누른다고 여기고 저항한다. 한마디로 빵만 주면 되지, 자유라는 이상은 관심 없거나 버거워한다. 대심문관은 모든 인간을 구원하기 위해 온 메시아가 그들을 버렸다고 말한다. 더 나아가 자유를 위해서 너끈히 빵을 포기할 소수의 사람, 자유를 위해서 어떤 희생과 대가도 지불할 고작 수백, 수천의 사람이 겨우 걸어갈 수 있는 길을 만인에게 제시했다고 예수를 추궁한다.

그럴 거다. 입으로는 자유를 말하지만, 손으로는 빵을 움켜쥐는 것이 우리다. 머리로는 빵과 자유가 어찌 양립 불가하냐며 대들지만, 온몸으로는 자유고 뭐고 빵이 전부지 뭐가 더 필요하냐고 웅변하지 않는가. 하나님과의 관계가 멀어졌다고 가슴을 치는 이는 극히 드물지만, 월급이 줄고, 아파트 가격이 떨어지고, 자녀의 성적이 바닥을 치면, 울상이다 못해 숫제 난리다. 예수는 빵만 주시는 경제적 메시아가 아니라, 빵을 통해서, 그리고 빵을 넘어서 하나님 나라를 세우려는 메시아적 경제를 말씀하시지 않았던가.

하나님을 순수하게 신앙한다고 말하지만, 실은 예수가 저 높디높은 성전 첨탑에서 뛰어내려도 다치기는커녕 천사의 호위를 받는 광경을 보려고 구름 떼처럼 몰려들 것이다. 그들은 예수를 예수이기에 믿는 걸까, 아니면 기적을 바라서 믿는 걸까? 출석할 교회를 결정하는 최고 기준은 무엇인가? 좁고 협착한 길이지만 예수를 잘 따르고 잘 믿게 해주는 교회인가, 아니면 주차장, 교통, 안락한 부대시설 등인가?

예수께서는 그런 것을 위해 십자가에서 돌아가신 것이 아니다. 그랬다면 예수께서는 목수와 석공으로서 으리으리한 성전 건축에 앞장서셨을 테니까.

"예수는 나의 왕, 나의 주"라고 고백하지만, 이 세상을 진정으로 구원하고 혁명하는 것은 오직 예수라고 주야장천 찬양하지만, 어느 정당, 어느 정치인이 세상을 확 다 바꿀 것이라 믿고 열변을 토하고 반대편은 적대시하지 않는가? 정치가 국가와 사람을 근본적으로 갱신할 수 있다면, 예수께서는 골고다 언덕이 아닌 헤롯 궁전을 차지한 다음 로마로 진격하셨을 터. 허나, 그분은 성전으로도, 궁전으로도 가지 않으셨다.

입맞춤

이른바 의식 있다는 목사들의 설교에 단골처럼 등장하는 한 용어가 있으니, '욕망'이다. "욕망의 바벨탑을 무너뜨려라", "욕망을 신앙으로 둔갑시키지 마라"라고 끝없이 외치지만, 말하는 나 자신도 예외가 아니지 않은가. 천상의 빵을 위해 지상의 빵을 잠시 유보할 줄 아는 "마시멜로 이야기"를 늘 읊어대도, 저 노회한 심문관의 말처럼 그리 살 수 있는 "당신 같은 부류의 사람이 얼마나 되겠는가?" 싶다. 하늘의 뭇별과 바다의 모래알처럼 많은 이가 하늘의 말씀보다 한 끼 식사를 더 사랑한다. 돈 몇 푼을 위해 양심도, 신앙도

거뜬히 모른 체할 수 있다.

"대심문관" 이야기의 백미는 예수의 마지막 행동이다. 말을 끝낸 아흔 살 노인은 예수의 대답을 기다린다. 듣기만 하던 예수는 조용히 다가와 심문관의 입술에 입을 맞춘다. 부르르 떨며 떠나라는 노기 어린 외침에 예수는 일어나 영영 사라진다. 예수는 왜 이 악마적 인간의 말에 대답하지 않고, 그냥 독기 어린 입술에 입맞춤한 뒤 홀홀히 떠나가셨을까?

예수의 대답은 최고 성직자이지만 현실 속 악마가 되어 버린 심문관마저도, 순수하던 열정이 타인을 화형대에 세우는 잔악함으로 변질한 그마저도 사랑하신다는 뜻이 아니었을까? 전당포 노파를 살해한 라스꼴리니꼬프의 회심은 자기 몸을 팔아서라도 가족을 부양하는 소냐의 사랑 때문이 아니던가.

사람으로 산다는 것은 개, 돼지와 다를 바 없어서 먹지 않으면 죽는다. 그러나 사람이 사람인 까닭은 개, 돼지와 달리 윤리가 있고 영혼이 있어서다. 빵 이상의 것을 충족하지 못하면, 헛헛해서 살 수 없다. 물질적 가난 때문에 고통받는 이도 부지기수지만, 정신적 가난 때문에 허허롭게 사는 이 또한 즐비하다. "사람이란 무엇인가? 어떻게 살아야 사람답게 사는 걸까?" '사랑'이라고 도스토옙스키는 말한다. 사랑이 있는 곳에 사람이 있고, 사람이 있는 곳에 사랑이 있다. 하나님은 사랑이시다. 사람도 사랑이다. 삶도 사랑이다. "사람 = 사랑"이다. 사랑해야 사람이다.

함께 읽을 책

● 대작은 대작이다. 「까라마조프 씨네 형제들」은 진정으로 위대한 작품이라는 말이 딱 들어맞는 소설이다. 전체를 읽는 것이 힘들다면, 2부 5권 5장 "대심문관"과 바로 그 앞에 있는 4장 "반역", 그리고 아주 작은 이야기인 3부 7권 3장 "파 한 뿌리"라도 꼭, 꼭 읽으면 좋겠다. 이따금 "무인도에 들어가서 책을 읽는다면 무슨 책을 갖고 가실 건가요?" 라는 질문을 주고받는데, 성경과 「고백록」이 아니라면, 나는 도스토옙스키 전집을 싸매고 몇 달 지내다 오겠다.

● 인생과 책을 따로 떼어 놓고 봐야 할 사상가가 있는가 하면, 불가분인 이들이 있다. 성경에서는 예레미야가 대표적이고, 역사적으로는 아우구스티누스와 파스칼, 키르케고르, 그리고 도스토옙스키가 그렇다. 내가 호명한 것이지만, 이는 본디 칼 바르트의 말인데, 내 생각과 너무나 완벽하게 일치해서 내 말인 양 해버렸다. 무튼, 그런 점에서 도스토옙스키는 전기나 평전 읽기가 꼭 필요한 인물이다. 도스토옙스키의 아내인 안나가 쓴 「도스토옙스키와 함께한 나날들」(엑스북스 역간)이나 「역사란 무엇인가」를 쓴 E. H. 카의 「도스또예프스끼 평전」(열린책들 역간)을 살펴볼 필요가 있다.

하지만, 나는 본인의 기록이자 그를 바꾼 또 하나의 일대 사건인 시베리아 유형지에서의 생활을 다룬 「죽음의 집의 기록」(도스토옙스키, 열린책들 역간)을 권한다. 제목을 유의해서 보라. '죽음의 집'이다. 실제 의미는 '죽어 있는' 혹은 '죽어 가는' 집이다. 강제 수용소의 삶이 바로 그러하다. 왜 그런가? 그곳에는 자유가 없기 때문이다. 오로지 강제 노동과 강제 공동생활만 있을 뿐이다. 그곳에서 자유를 만끽할 수 있는 강력한 실체는 바로 '돈'이다, 돈! 도스토옙스키의 명언, "돈은 주조된 자유"(35쪽)라는 말이 바로 여기서 나왔다. 현실적으로, 그리고 수용소 같은 현실에서 돈은 인간을 인간답게 하는 최고의 가치인 자유를 창조한다. 물론, 주조된 것이기는 하지만.

그 자유로 인해 인간은 책임적 존재가 된다. 환경이니 숙명이니 하는 것들이 인간에게 일정한 제약을 가하는 것을 결코 부인하지 못한다. 하지만 단언컨대, 그것이 전부는 아니다. 인간은 주어진 환경과 결정된 운명을 박차고 나갈 자유를 하나님에게 부여받았고, 자기 삶을 스스로 책임 져야 한다. 돈이 전부라며 돈에 미친, 돈에 환장한 우리 사회는 도스토옙스키가 보기에 '죽음의 집'이다. 그러나 그곳에서도 인간은 돈을 뛰어넘은 자유로운 존재였다.

● "나를 도스토옙스키라는 길로 처음 인도한 사람은 투르나이젠이다. 그의 발견이 없었다면 나는 「로마서」의 초고를 쓸 수 없었을 것이다." 책 뒤표지에 떡하니 박혀 있는 칼 바르트의 말이다. 실제로 바르트의 「로마서 주석」에 인용 빈도수 1위를 차지한 것은 "루터도, 칼뱅도, 키르케고르도 아닌 도스토옙스키다!"(김진혁 교수의 해제 중에서, 175쪽) 선진국이나 문명국의 사람도 실상은 한낱 죄인 된 인간이며, 인간의 내재적 자원이 아닌 오로지 저 위에서 수직적으로 일시에 습격하는 하나님의 은총에 의해서만 구원받을 수 있다는 도스토옙스키의 생각은 고스란히 바르트와 투르나이젠의 것이 되었다.

인류 멸종이라는 전대미문의 위기 앞에서, 우크라이나 전쟁의 폭풍 속에서 인간이란 과연 어떤 존재이고, 구원은 어디서 어떻게 오는지를 모색하고 싶다면, 「도스토옙스키: 지옥으로 추락하는 이들을 위한 신학」(에두아르트 투르나이젠, 포이에마 역간)을 실마리 삼아 도스토옙스키라는 미로로 들어가도 좋을 것이다. 석영중 교수의 추천사 가운데 "원전의 깊이에 번역자의 깊이가 더해진 이 우아한 번역본에 경의를 표한다"는 말은 으레 하는 상찬이 결코 아니다. 부러 하는 말이 아님을 직접 확인해 보기를.

● 나의 고전 읽기 방식 중 하나는 읽고픈 고전이나 사상가에 대한 최고의 대가 한 명을 사숙하는 것이다. 본디 고전은 광대무변하여서, 읽는 이마다 해석이 제각각이다. 헌데, 초보자에게는 혼란스럽다. 미궁을 헤매다가 '에잇, 정말 모르겠다'라며 손 털고 일어서고 만다. 그래서 신뢰할 만한 해설자 한 명을 집중적으로 읽는다. 그러면 그의 눈으로 고전 한 권이나 사상가를 어렴풋이 파악하게 된다. 예컨대, 나의 논어 읽기에서는 배병삼 교수의 해설서인 「한글 세대가 본 논어」(전2권, 문학동네)가 내 길라잡이였다.

나의 도스토옙스키 읽기는 곧 석영중 읽기다. 내가 읽었고, 갖고 있는 책은 다음과 같다.「자유: 도스토예프스키에게 배운다」(예담 펴냄),「인간 만세!: 도스토옙스키의「카라마조프가의 형제」 읽기」(세창출판사 펴냄),「매핑 도스토옙스키: 대문호의 공간을 다시 여행하다」,「도스토옙스키 깊이 읽기」,「도스토옙스키의 명장면 200」(이상 열린책들 펴냄) 등이다.

노름 벽이 심했던 도스토옙스키인지라, 그의 모든 책을 노름을 위해, 노름빚을 갚기 위해 쓴 것이라고 하면 과장이겠지만, 먹고살기 위해서, 돈을 벌기 위해서 글을 써야 했던 대문호의 이면과 작품을 잇대어 설명하는「도스토예프스키, 돈을 위해 펜을 들다」(예담 펴냄)부터 시작해 보면 어떨까? 도스토옙스키 읽기에 들어가는 관문으로 최고이고, 석 교수의 매력적인 문장에 푹 빠질 것이다.

12장

어머니 하나님을 찾아서

엔도 슈사쿠의 「침묵」 읽기

전사에서 순교자로

어릴 적, 교회를 그토록 사랑하는 내가 많이 섭섭하셨던 어머니, 일찍이 과부가 되어 삶의 가난을 온몸으로 지고 살아야 하셨던 어머니는 한 집에 두 종교가 있게 했기에 아버지가 돌아가셨다고 나를 몹시도 핍박하셨더랬다. 그, 때, 나, 는, 참으로 몹쓸 짓을 저질렀다. 맞기도 하고 쫓겨나기도 했던 나는 견디다 못해 부엌에서 식칼을 들고 와서 담판을 지으려 했다.

"나를 죽이지 않고는 내가 교회 다니는 것을 보셔야 할 겁니다."

그날 이후, 어머니는 내 신앙을 포기하셨다. 아주 오랫동안 기독교 신앙이라면 넌더리를 내셨다. 그렇게 나는 신앙을 위해 싸워 죽을 용기도 지녔고, 그 대상이 설사 아직 망하지 않은 여인(未亡人)의 한을 품고 사는 내 사랑하는 어머니라 할지라도 신앙의 이름으로 그 가슴에 대못을 박는 일도 서슴지 않는 당당한 신앙의 전사였다.

아니다. 예수 그리스도께서 그리하셨듯이 순교자들은 자기를 십자가에 매달지언정, 사랑하는 사람을 고통의 나락으로 밀어 넣지는 않았다. 신앙이란 무릇 사랑이신 하나님을 믿는 것이고, 따라서 신자가 된다는 것은 사람을 사랑하는 일이 아니던가. 나는 신앙으로 사람을 미워하고, 밀어내고, 아프게 했다.

신앙과 배교 사이

엔도 슈사쿠(遠藤周作, 1923-1996)는 일본에서 독특한 위치를 차지한다. 무엇보다도 가톨릭 신자이고, 일본과 기독교라는 쉽사리 어울리지 않을 양자를 붙들고 씨름한 소설가다. 이 작품에서도 나오듯, 일본이라는 늪에서 기독교라는 종교는 뿌리째 썩어 들어갔고, 그 '종교'라는 것도 기실 껍데기를 벗기고 보면 실체는 일본적인 어떤 것이 중심에 똬리를 틀고 앉아 있다. 그렇다 보니 기독교를 소설화한다는 것은 주류에 들지 못할 운명을 안고 사는 셈이다. 그래서 그는 일본과 기독교가 거세게 맞붙은 17세기 일본과 그때의 기독교를 깊이 들여다봄으로 자기 자신을 해명하고 싶었다.

엔도 슈사쿠는 이혼한 어머니가 가톨릭에 귀의하자 어머니를 따라서 신자가 된다. 가련한 어머니를 지켜야 한다는 마음과 어머니에게서 달아나고 싶은 유혹 사이에서 언제나 헤매던 엔도에게 하나님은 다름 아닌 어머니를 통해 육화되었고, 그의 삶 한복판에서 언저리에 이르기까지 곳곳에 스며들었다. 그 어머니를 통해서 엔도는 수천 년의 기독교 역사에서 간과되어 온 하나님의 모성적 본성을 소설화하는 데 성공한다. 그에게 기독교 신앙을 묻는 것은 어머니를 말하는 것이다. 그래서 탄생한 것이 「침묵」(沈默, 홍성사 역간)이다.

소설의 시대 배경은 전국 시대를 종결지은 도쿠가와 이에야스(德川家康, 1543-1616)의 에도 막부 때다. 1600년 초까지만 해도 기독교는 일본 전역에 40만 명에 육박하는 기리스탄(에도 시대에 일본어로 그리스도인을 가리킨 말)과 많은 교회가 있을 정도로 부흥하고 있었다. 그러나 에도 막부 이후, 가혹한 수탈과 종교 탄압에 저항해서 일어난 농민과 신자의 반란이 무자비하게 진압되었다. 이후, 무수한 신자가 가난과 배교의 위협에 시달렸다.

줄거리는 간단하다. 소설 속 주인공 로드리고는 신앙의 스승인 페레이라의 배교를 확인하고, 교회가 무너진 땅에 복음을 전파한다는 일념 하나로 또 다른 선교사 가르페와 함께 멀고 먼 남만(포르투갈)에서 마카오를 거쳐 일본에 잠입한다. 머리 둘 곳은 없어도 마음은 주님과 신자에게 둔 이 신부는 고문과 박해로 죽어 가는 신자를 살리기 위해 결국 변절한다.

신앙을 위해 순교를 각오하는 가르페가 이야기의 한 축이지만, 전체적으로는 로드리고와 기치지로가 중심축을 이루어 이야기가 전개된다. 두 사제를 일본으로 안내한 일본인 기치지로는 가족을 위해, 그러나 가족의 선택과 달리 배교한 전력이 있는 인물이다. 그는 로드리고 주변을 맴돌며 고해와 배교를 수시로 왔다 갔다 한다.

로드리고에게 딱히 신앙이 없는 것은 아니다. 기실, 신앙을 부정한 적도 없다. 다만, 그의 겁 많고 소심한 성격으로는 에도 막부의 무지막지한 박해를 감내할 수 없었다. 겉으로는 예수의 얼굴을 동판으로 만든 '후미에'를 밟지만, "밟는 자신의 발 또한 아프다"며 비굴하고도 구슬프게 운다.

기치지로와 나 사이

예수 팔아 밥 먹지 않겠다는 다부진 결심으로 신학교에 들어간 나는 자기를 희생하여 영웅적으로 순교한 가르페적 사역자까지는 아니어도, 끝내 신앙을 모욕할 수 없어 수책형(바다에 세운 기둥에 묶인 채 밀물에 의해 서서히 죽어 가는 형벌)을 당한 모키치와 이치소우처럼 내 한 몸 건사하자고 내게 다가온 고난을 비겁하게 피하지는 않으리라 자신하였다. 하지만 내 속에는 용맹무쌍한 그들만이 아니라 고뇌하는 우리의 주인공 로드리고도, 배교를 밥 먹듯이 하는 비겁하고 겁 많은 기치지로도 있었다.

저자 엔도 슈사쿠는 자신 안에 공존하는 저 모든 사람에게 이름을 지어 주고 자리를 만들어 주어 개성 있는 작중 인물로 탄생시켰다. 이 책의 등장인물은 저자의 분신이고, 그러기에 독자의 분신이기도 하다. 저 인물 중 나 아닌 것이 없다. 모두가 나다. 허나, 나이면 안 될 한 사람, 그도 나라니. 한때 신자였으나 지금은 고위 관리가 되어 배교를 전담하는 이노우에도 내 안에 떡하니 똬리를 틀고 있음을 이 소설은 내게 귀띔해 주었다.

그중에서도 많은 독자가 자신과 동일시하는 인물이 바로 기치지로일 것이다. 믿지만 믿음에 합당한 삶과는 꽤나 거리를 두고 있는, 멀찍이 따라가지만 그렇다고 절대 예수를 포기한 적도, 그럴 수도 없는 신자들은 기치지로에게서 자기를 발견하고, 그에게 한없는 연민을 지닌 작가의 따뜻한 시선에 더할 나위 없는 위로를 받는다.

어머니처럼 다정하신 하나님

남보다 이른 나이에 아비를 여의고 아비 부재를 경험한 내게 아버지가 된다는 것은 버겁지만 다다라야 하는 높디높은 산이었다. 무릇 아버지 됨이란 '기준'이 된다는 것일진대, 그 기준점도 좌표도 제대로 본 적 없으니 길을 잃기 일쑤. 자주 엉뚱한 방식으로 아버지 노릇을 했다. 척도가 되어야 한다는 의식이 내적으로는 상실에 대한 헛헛함으로, 외적으로는 상황에 맞지 않는 가부장적 기준 강요로 나타났다.

그런 내게 엔도는 아버지 하나님만이 아니라 어머니 하나님을 일깨워 주었다. 너무 엄하기만 한 하나님에 대한 거부감에 결국 기독교를 떠나고 만 일본의 소설가이자 평론가 마사무네 하쿠쵸(正宗白鳥, 1879-1962)에 관한 글에서 엔도는 이렇게 말한다.

> 하쿠쵸가 오해한 것처럼 기독교가 아버지의 종교만은 아니라는 점이다. 기독교 속에는 어머니의 종교도 포함되어 있다. …… 신약 성서는 오히려 '아버지의 종교'였던 구약의 세계에 모성적인 것을 도입함으로써 이것을 부-모적인 것으로 만들었다(「침묵의 소리」, 동연, 118쪽).

아버지로서의 하나님은 무서운 신이다. 언제나 말씀하시는 하나님, 내 안의 모든 것을 다 아시는 하나님, 그리하여 작은 실수라도 할라치면 응징받을까 봐 전전긍긍하게 만드는 하나님은 가까이 하기 어렵다. 그런 하나님만 알았던 하쿠쵸는 기독교를 떠나고 말았다면, 엔도는 (비록 어머니의 강요로 기독교를 믿었지만) 아버지만이 아니라 어머니 같은 하나님도 알았기에 너른 어머니 품에 안긴 아들로서 신앙을 끝까지 유지한 것이다.

「침묵」을 통해 우리는 크게 두 가지에서 어머니처럼 다정한 하나님을 엿볼 수 있다. 하나는 소설의 전개 과정에서 중요한 고비마다 등장하는 예수의 얼굴이다. 소설 속에서 예수의 얼굴은 열세 번 정도 등장하는데, 전개에 따라 약간씩 다른 얼굴로 변용된다. 로드리고가 상상한 초반의 예수 얼굴은 강하고 늠름한 승리자의 그것이다. "씩씩하고 마음 든든한 얼굴"(36쪽). 그러나 예수의 얼굴은 점차 어두운 색채를 띤다. 밝고 빛나는 얼굴, 자신감 넘치는 얼굴, 강인한 의지의 눈빛이 아니라, "여위고 지나치게 지쳐" 보이는 슬픈 눈, "지나치게 밟혀서 우묵하게 들어가 닳아 희미"(274쪽)해진 얼굴이다. 그 얼굴은 한편으로 박해받는 신자들의 얼굴이다. 그 얼굴은 자신의 연약함으로 신앙을 버려야 하는 이들을 향한 다함없는 따뜻한 눈을 가졌다.

당신은 우리의 '길'이기에, 무릇 길은 누군가가 밟고 지나감으로 길이 되는 것이기에 "나를 밟아도 좋아"라고 말씀하시는 하나님은 아버지 하나님보다는 어머니 하나님에 가깝다. 아버지로서 하나님은 인간의 죄에 분노하고 그 죄를 징벌하는 엄격하신 분이라면, 어머니 하나님은 인간의 죄에 아파하고 그 죄를 품어 주는 자애로운 분이다. 로드리고는 침묵하는 하나님에게서 다정한 눈길로 말하는 어머니 하나님을 만났다.

예수의 얼굴과 함께 우리는 제목에서도 어머니 하나님을 엿본다. 저자는 제목으로 인해 자신의 의도와 반대로 책이 읽히는 상황을 안타까워한다. 「침묵」은 이루 말할 수 없는 고통과 고문 속에서 신자들이 죽어 갈 때에도 끝까지 말없이 침묵하시는 하나님, 그 무력하고 연약한 하나님을 말하는 것으로 이해되기 십상이다. 그러나 저자는 역설적으로 침묵으로 말씀하시는 하나님을 말하고 싶었다. 우리와 함께 고통당하시는 십자가의 하나님 말이다. 그런 의미에서 십자가는 침묵하시는 하나님이지만, 십자가의 방식으로 말씀하시는 하나님이다. 즉, 십자가의 수치와 모욕을 고스란히 당하신 하나님이 참 하나님이다.

침묵 안에 담긴 충만한 사랑

이제 안다. 강했던 것이 아니라 약했던 것이고, 대담했던 것이 아니라 비겁했기에 감히 어머니 앞에 그 흉측한 물건을 함부로 들고 왔음을. 첫 독서 이후 십여 년이 지나 다시 엔도 슈사쿠의 「침묵」을 읽으면서, 이제야 그날 그 자리에서 당신을 찌르는 아들의 말을 묵묵히 받아 주신 어머니의 사랑이 충만했음을 발견하였다.

그렇다. 그날 어머니가 "그래, 찔러도 좋아, 그래도 나는 너를 사랑하는 너의 어미란다"라고 말씀하셨던 음성이, 슬픈 얼굴로 로드리고에게 말씀하시는 그리스도의 애잔한 음성에 내 어머니의 그 음성이 겹쳐서 들렸다.

내 흉악한 짓에 대해 일평생 일언반구하지 않으시면서 속앓이하시다가 아들이 목사라서 결국 아들의 신앙을 따르시고, "참 행복하다"며 흐린 눈으로 성경을 펼쳐 읽으시는 어머니는, 그렇다, 하나님의 어머니 됨을 보여 주셨다.

어머니 같은 하나님 사랑에 푹 잠기기 위해서, 내 이지러진 행위를 설명해 주고 내 여정의 좌표를 일러 준 작가를 한동안 사숙할 것 같다.

나와 같은 독자가 있다면, 앞서 잠시 언급한 「침묵의 소리」도 읽어 보기를 권한다. 번역본들이 죄다 누락한 슈사쿠의 "기리시단 주거지 관리인의 일기"도 읽을 수 있다. 그리고 꽤나 잘못한 것이 많은 나를 아무 말 없이 안아 주시는 하나님을 만나고, 나 아닌 남을 있는 모습 그대로 품어 주는 하나님의 사람으로 한층 발돋움할 수 있으리라.

함 께 읽 을 책

- 「침묵」을 좀 더 깊게 보고자 한다면, 엔도가 그 책을 쓰게 된 경위와 과정, 뒷이야기를 소상히 기록한 「침묵의 소리」(엔도 슈사쿠, 동연 역간)를 읽어야 한다. 역사적이고 공간적인 배경에 대한 선이해가 부족해서 간과하기 쉬운 부분을 이 책을 통해 깊이 볼 수 있다. 역자인 김승철 교수가 그간 번역서에서 누락한 "기리시단 주거지 관리인의 일기"의 중요성을 지적하면서 번역과 주해를 덧붙였다. 소설 이후, 로드리고 신부와 기치지로의 삶이 궁금하면 필독하시라.

- 엔도는 확실히 종교적 소설가임이 틀림없다. 「예수의 생애」, 「그리스도의 탄생」(이상 가톨릭출판사 역간) 등이 그렇다. 허나, 「바다와 독약」(엔도 슈사쿠, 창비 역간)은 비종교적이다. 일본이 2차 세계 대전 중, 실제로 자행한 생체 해부 사건을 다룬다. 전쟁이 사람들의 이성과 양심을 어떻게 마비시키는지를 잘 보여 준다. 다른 한편으로는 종교적이다. 신이 없는 사회, 곧 절대적 기준이 상실되어 각자가 자기 소견에 옳은 대로 행하는 사회는 사사기에서 보듯이 폭력이 난무한다. 이참에 엔도 슈사쿠의 소설 전부를 읽어 보면 어떨까? 「깊은 강」(민음사 역간), 「전쟁과 사랑」(바오로딸 역간), 「바보」(문학과지성사 역간), 「여자의 일생」(홍성사 역간) 등이 있다.

- 엔도를 깊이 읽고 싶다면, 그의 전작을 탐닉하고 싶다면, 아무래도 그의 소설 세계 전모를 보여 주는 해설서가 요긴하다. 김승철 교수의 「엔도 슈사쿠, 흔적과 아픔의 문학」(비아토르 펴냄)은 엔도의 전기와 그의 작품 하나하나를 소개하고 그 전체를 꿰어 준다. 그리고 엔도 자신이 쓴 「엔도 슈사쿠의 문학 강의」(포이에마 역간)를 곁들어 읽으면 더 입체적이고 풍성한 독서를 할 수 있을 것이다.

13장 그리스도인의 정체성을 찾아서

"디오그네투스에게 보내는 편지" 읽기

나는?

누가 뭐래도 나는 기독교인이다. 교회 다닌 지 마흔 해가 훌쩍 지났고, 감격의 눈물을 철철 흘리며 침례(세례)받은 것이 40년, 목사가 된 지 자그마치 20년이다. 책도 쓰고, 강연도 다닌다. 또 뭐가 있을까? 이런 식으로 내가 기독교인임을 입증할 것은 쌔고 쌨다. 이것이 정녕 나일까? 그것들은 내가 하는 일이지, 내가 아니다.

허면, 나는 왜 기독교인이고, 반/비기독교인이 아닌가? 오글라라 수우족의 "구름처럼 붉은"이라는 인디언 추장은 자기 땅을 강탈한 유럽인들에게 말한다. "우리가 원하는 것은 우리 자신이 되는 일이지 당신들처럼 되는 일이 아니니다." 그의 말이 큰 울림으로 다가온다. 그가 생각하는 나다움, 인디언다움은 부의 무한정 추구가 아니다. 서로 사랑하고 서로 이해하는 일, 그것이다.

기독교인이 되어도 비기독교인과 무엇 하나 다르지 않은 슬픈 시대에 자꾸 되묻는다. "나는 그리스도인인가? 그리스도인이라면, 그리스도인이 아닌 사람과 무엇이 다른가?" 끝도 없는 질문에 빠져 허우적거릴 때, 으레 나는 이 고전을 들춘다. 바로 "디오그네투스에게 보낸 편지"(「초기 기독교 교부들」, 두란노 역간)다.

너는?

이 책의 저자는 저자만 안다. 저자를 확언할 길 없다. 지금으로서는 여러 속설과 가설이 난무하다. 이레나이우스(Irenaeus, 130?-202?)부터 히폴리투스(Hippolytus, 170?-235), 심지어 테르툴리아누스(Tertullianus, 155?-240?)까지 거론된다. 강력한 후보자는 소아시아의 콰드라투스(Quadratus, ?-?)로, 로마 황제 하드리아누스(Hadrianus, 76-138)에게 보낸 변증문과 비교할 때 그 문체와 내용이 유사하기 때문이다.

저자를 모르니 시기도 알 턱이 없다. 기독교에 대한 외부의 오해를 불식시키고 비판에 반박하여 참된 신앙으로 초대한다는 점에서 2세기 고대 교부들의 책과 닮았다. 그렇다면 2세기에서 3세기 초라는 것인데, 얼추 주후 100년 이후부터 200년 초중반의 어느 때에 이름을 알지 못하는 하나님의 사람이 기록하였겠다.

헌정받은 이의 정체도 오리무중이다. 그의 이름은 디오그네투스. 누가복음의 데오빌로처럼 로마 고위 관료면서 기독교에 우호적이거나 갓 입문한 인물일 것이다. 기독교라는 신흥 종교의 무서운 전파력과, 순교에 직면해서도 용기와 미소를 잃지 않는 기독교인들, 자신들과는 무언가 다른 삶을 좇는 그들에게 묘하게 끌리면서도 조금은 주저하는 사람이었을 터. 이 책은 그가 알고 싶어서 물은 것들(279쪽)에 대한 대답이다.

로마 제국 당시 지식인들은 기독교에 많은 질문을 던졌다. "너희는 왜 십자가에 달린 예수를 믿느냐?" "어떻게 그런 신이 구원자일 수 있느냐?" "너희의 관습과 문화는 우리의 오랜 그것들과 매우 다르다. 왜 우리와 다른 기이한 삶을 사느냐?" "핍박 속에서도 믿는 이유가 무엇이냐?" "너희들 속에 무엇이 있느냐?"

당시 기독교인들은 사람들을 끄는 묘한 매력과 깊은 마력을 지니고 있었다. 그러나 지금은 아무도 묻지 않는다. 묻지 않으니, 우리가 물어보라고 닦달하고, 끈질기게 설명하는 것조차 결국 소음이 된다. 그때는 물었고, 나지막하게 몸과 삶으로 대답했다. 지금은 묻지 않고, 소리 질러도 듣지 않는다. 신자들은 신앙을 묻지 않고, 불신자들은 신자에게 묻지 않는다.

이 글이 우리 손에 들리게 된 것은 오직 은혜다. 때는 바야흐로 15세기 초, 콘스탄티노플로 유학 온 프랑스의 한 신학도가 생선 가게의 헌 종이 꾸러미에서 이 글을 발견하였다. 그리하여 리처드 니버

(Richard Niebuhr, 1894-1962)가 세상 변혁의 모델로 숭상한 이 작은 글이 온 세상에 환히 드러났다.

나그네

고작 열다섯 쪽 남짓 되는 이 짧은 글의 백미는 5장이다. 딱 한 쪽이다(284쪽). 이 대목을 읽을라치면, 저절로 "그리스도 신앙에 관한 한, 신약 성경을 제외하고 이 책만큼 현대인의 마음에 감동을 주는 저술은 없다"는 브리태니커 백과사전의 설명에 절로 동의하게 된다. 문장 또한 아름답기 그지없다. 마치 성경을 암송하듯, 입에 넣고 조아리면 우아함과 고결함, 깊이와 미묘한 힘을 느낄 수 있다.

> "그들은 다른 모든 사람들처럼 결혼합니다. 그리고 아이들을 낳습니다. 하지만 그들은 그들의 자녀를 버리지 않습니다. 그들은 그들의 식탁을 서로 나눕니다. 하지만 그들의 침상은 서로 나누지 않습니다. …… 그들은 모든 사람들을 사랑합니다. 하지만 모든 사람들에 의해 박해를 받습니다. …… 그들은 욕을 얻어먹습니다. 하지만 그들은 축복합니다."

여기서 우리와 그들, 기독교 신자와 비기독교 신자 사이를 가르는 경계가 드러난다. 어떤 나라에 살고 어떤 나라의 시민인지에 따라 다르다. 신자는 자기 나라에서 외국인처럼 산다. 분명 나고 자란 모국인데도, 그의 국적은 그곳에 없다. "모든 타국이 그들의 조국입니다. 그러나 또한 그들에게는 모든 조국이 타국입니다." 그리하여 그들은 지상의 어느 나라도 천국과 일치시키지 않고, 어느 나라에서도 하나님 나라의 백성으로 살았다.

이러한 정신은 성경, 특히 베드로전서와 일치한다. 저자가 특별히 사랑한 성경이 베드로전서이지 싶다. "거류민과 나그네 같은 너희"(벧전 2:11). "나그네"는 여행 비자를 받은 사람을, "거류민"은 영주권을 얻은 사람을 가리킨다. 예수 그리스도를 주로 시인하고 영접하는 순간, 우리는 천국 시민이 되고, 이 세상에서는 외국인이 된다. "그리스도인들은 세상에 거주합니다. 하지만 세상에 속해 있지는 않습니다"(285쪽).

그때와 달리 지금은 세상에 속해서 세상보다 더 세상적인 나로 살고 있다. 이제는 기독교인과 비기독교인 사이를 가르는 경계조차 흐릿한 시대다. 세상과 구별된 하나님의 백성인지 알아내기란 물에 탄 술이 되어 버렸다. 세상은 〈올드보이〉(2003)처럼 우리에게 묻는다. "누구냐, 너는?"

참된 신자 됨이란

오늘 우리에게 기독교인이라 함은 종교적인 것

들이다. 주일 아침이면 말쑥하게 차려입고 성경책을 넣은 깨끗한 가방을 들고 예배당에 가는 것, 예배하고, 십일조 드리고, 한두 가지 봉사하고, 규칙적으로 성경을 읽는 것, 이 정도면 훌륭한 신자 축에 들 터. 허나, 그런 것은 이 편지와 매우 거리가 멀다. 어느 종교에 저런 제의가 없을까. 모두가 예배하고, 모두가 기도한다.

내가 보기에 차이는 두 가지다. 하나는 "신이 누구인가"다. 우리는 우리가 믿는 신을 닮는다고 이 편지는 말한다(280-281쪽). 우상을 섬기는 자는 우상을 닮는다. 우상은 사람이 마음이라는 공장에서 만든 것이다. 우상을 섬기는 자는 시장에서 판매하는 것을 각자 제단에 올려놓고 숭배한다. 죽은 것이고, 말 못하는 것이다. 심지어 행여 누가 훔칠세라 내가 지켜 줘야 한다. 비인격적인 관계이니, 비인격적인 태도로 삶을 대하고 사람을 대한다.

허나, 자신을 스스로 드러내신 하나님, 동물과 다를 바 없는 인간에게 자유를 주셔서 인간을 인간답게 하신 하나님, "강요가 아닌 설득에 의해 인간을 구원"(286쪽)하시는 하나님, 당신이 하나님이라고 피조물에게 고압적으로 명령하지 않으시는 자비로운 하나님이 바로 내가 믿는 하나님이다. 우리를 깊이 믿어 주고 존중하신다.

다른 하나는 그 신의 차이가 촉발하는 신자가 사는 모습이다. 자기가 믿는 신을 닮는 것은 자명한 진실이다. 예수를 믿는다면서 행동양식이 타종교나 다른 신념을 가진 자와 다르지 않다면, 과연 진짜 믿는 걸까? 마르크스주의자처럼 폭력을 선동하고, 자본주의자처럼 돈을 숭앙한다면, 겉은 기독교인일는지 몰라도 그의 정체는 다른 것일 터.

나의 신자 됨은 세상과 달리 사는 데 있다. 세상의 주인 노릇 하는 돈의 권세를 우습게 여기는 사람, 땅 사고 아파트 평수 늘리고 연봉 올라가는 것이 복인 양 착각하지 않는 사람, 오히려 나를 욕하는 사람에게 복을 빌어 주는 사람이 복된 사람이다. 내 비록 가난하지만 가난을 부끄러워하기보다는 그 가난함 속에서 타인을 부요케 하고 넉넉케 하는 주님의 마음을 품는 것, 그것이 부자라고 믿고 행동한다.

코로나19 시기에 기독교인들은 사회로부터 많은 비난을 받았다. 현실적으로 교회 모임을 통해 코로나가 확산되었으니 어쩌랴. 그래도 사회로부터 받는 비난은 불편하고 불쾌하다. 그리하여 이곳저곳에서 불평과 항의성 발언들이 속출했다. 이럴 때, 우리가 누구인지, 무엇을 신앙하는지가 잘 드러난다. 예수의 십자가와 베드로전서, "디오그네투스에게 보내는 편지"는 억울한 일을 당할수록 더욱 사랑하고 축복하는 자가 되는 것, 그것이 기독교인 됨의 본령임을 부드럽게 일깨운다.

2천 년의 시간을 거슬러, 비릿한 생선을 포장한 종이 꾸러미에서 발견된 이 책은 신선하고 달콤한 향기를 낸다. 이 책으로 내 마음을 포장하면 좋겠다. 오래오래 읽는다면, 세상이 질문을 품게 되는 기독교, 질문하게 하는 종교, 달라도 정말 달라서 경이로움의 대상이 되는 신앙이 될 것이다.

함께 읽을 책

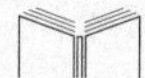

● 나로 초대 교회에 눈뜨게 해준 이는 알렌 크라이더다. 한국을 방문했을 때 본 그의 얼굴은 아름다웠다. 맑고 건강한 눈으로 청중을 바라보며 조용조용한 목소리로 들려주는 1세기 교회 이야기는 신선했다. 우리가 살고 있고 경험하는 것이 전부라고 여기기 쉬운데, 그러하기에 우리는 지금 전 지구에 흩어져 있는 현대의 다양한 교회를 눈여겨봐야 하고, 동시에 역사적으로 교회가 어떻게 신앙생활을 해야 하는지 찬찬히 들여다보아야 한다.

크라이더는 「초기 기독교의 예배와 복음 전도」(대장간 역간)에서 초대 교회의 문헌을 전수 조사하여 그들이 어떻게 예배했고, 어떻게 복음을 전했는지를 일러 준다. 예배는 열린 예배가 아니라 닫힌 예배였고, 외부인이 들어오는 것을 상당히 불편해하고 그들에게 불친절했다. 그는 경이롭고 경악스러운 정보를 알려 준다. 예배 중간에 초신자들을 밖으로 내보낸 이가 있다는 것이다. 이를 전담한 예배 봉사자가 있었단다. 하나님의 말씀을 듣고 행할 의지가 없는 자들, 그리고 그 말씀을 듣고 실행하기는커녕 시험 들 사람을 골라서 내보냈다. 언빌리버블!

우리 시대와는 정반대다. 그런데도 초대 교회는 폭발적인 성장을 거듭했다. 우리는 불신자가 교회에 오기를 학수고대하면서 온갖 프로그램을 만들고 세미나를 열고, 학습에 학습을 거듭한다. 헌데, 그럴수록 자꾸 외부로 빠져나간다. 세상과 달라서 온 건데, 세상과 다르지 않으니 구태여 다닐 까닭이 없다. 이 책은 "디오그네투스에게 보내는 편지"에 나온 그대로 믿고 살아가는 공동체의 힘을 보여 준다. 복음, 예배, 선교, 그리고 기독교인의 정체성이 무엇인지를 알고 싶다면, 그 출발점으로 삼을 만한 것이 바로 알렌 크라이더이고, 이 책이다.

● 그러면 저 아름다운 초기 교회가 왜 이다지도 비틀리고 뒤틀린 걸까? 「회심의 변질」(대장간 역간)에서 크라이더는 회심, 즉 그리스도인이 된다는 것의 의미가 변해서라고 답

한다. 이전에는 그리스도인이 된다는 것이 자기의 온 존재를 베팅해야 하는, 죽느냐 사느냐를 결단하는 것이었다면, 이후에는 저절로 그리스도인이 되었다. 다시 말해, 자신의 의지와 결단이 아니라 태어나 보니 그리스도인이고, 사회 경제적으로 유리하기에 신자가 되는 것이다. 그런 사회를 '크리스텐덤'(Christendom), '기독교 국가'라고 한다.

이런 변화를 비판하면서도 불가피한 것으로 수용하는 뉴비긴과 같은 이들이 있다면, 그것을 타협하고 양보하는 순간, 기독교의 생명은 사그라든다고 믿는 이들이 있다. 현대에는 철학자 키르케고르와 일군의 아나뱁티스트와 직접적으로 그들에게 영향을 받은 이들이 그렇다. 판단은 독자의 몫이지만, 나는 후자의 입장을 거든다.

목적지에 다다르지도 않았는데, "여기가 좋사오니"라며 괴나리봇짐 풀고 따뜻한 아랫목에 배 깔고 누웠다가 일어나야지 하는 순간, 그곳이 정착지, 종착지가 되고 만다. 가는 김에 끝까지 가 보는 거다. 그 끝을 전혀 모른다면 어찌할 도리 없다지만, 신약 성경이, 고대 교부들이, 그리고 초대 교회에 관련한 저서들이 말하고 있지 않은가? 오늘 우리가 회복하고 도달해야 할 영성이 어디인지를 크라이더를 통해 확인해 보길 바란다.

● 청소년 인문 학교를 오래 하다 보면 종종 아이들의 다양하고 엉뚱한 모습을 보게 된다. 한 아이가 자신이 좋아하는 영화감독과 배우를 소개하자, 그 자리에 있던 아이들 모두가 자신들은 감독의 영화 세계에 대해서, 주연 배우에 대해서도 신경 써서 보지 않는다고 말한다. 그냥 본단다. 흠, 그럴 수도 있구나.

그런데 나도 다를 바 없었다. 번역된 싯처의 책은 죄다 읽은 셈인데, 그의 이력을 보긴 보았지만 눈길이 그다지 오래 머물지 않았나 보다. 그냥 스쳐 지나가듯, '교회사로 박사 학위를 받았구나', '대학에서 강의하는 교수인데, 영성 작가로서 책을 많이 쓰는구나' 그렇게 넘겨 버렸다. 그러던 중 「회복력 있는 신앙」(성서유니온선교회 역간)을 읽고서야 그가 따뜻하고도 대중적인 영성 작가일 뿐만 아니라 역량 있는 교회사 학자임을 새삼 깨닫는다.

크라이더와 마찬가지로 싯처는 초대 교회가 현실에 순응하는 길도, 현실에서 고립되는 길도 아닌 제3의 길을 걸었다고 보고한다. 예배와 같은 종교적인 부분에서도, 세상 한

가운데 일상에서도 그들은 당대의 평범한 사람들과 같고도 달랐다. 그리고 그들과 우리 사이에는 다른 점이, 아니 우리가 틀린 점이 너무 많다. 그들에게는 하나님이 창조하신 세계 전체를 회복하는 신앙이 있었다면, 우리는 우리 자신을 갱신하는 힘마저 소진되어 탈진한 상태라 하겠다. 이 책이 기진맥진한 우리 영혼을 회복시키기를 소망한다.

14장

내 안의 원수를 찾아서

디트리히 본회퍼의 「성도의 공동생활」 읽기

개인주의 영성의 한계를 만났을 때

나는 나의 80년대를 기억한다. 지금의 나는 어쩌면 그때의 나에서 한 치도 벗어나지 못했지 싶다. 매일 아침 일어나 하숙집 밥도 걸러 가며 큐티(QT, Quiet Time)를 해서 선후배들에게 놀림감이 되었다. 주말과 주일의 예배에서 두 팔 번쩍 들고 하늘을 우러르며 크게 노래하는 그 시간은 황홀했다. 하지만 주중에는 매캐한 최루탄 속에서 짱돌을 던지며 독재 정권 타도를 외치고, 밤에는 미친 듯이 책을 읽고, 〈고래사냥〉의 가사처럼 술 마시고 노래하고 토론을 즐기고, 현실에 순응하는 이들을 은근히 무시하면서 나는 썩 괜찮은 놈이라고 자위하던 그때 말이다.

그러다 어느 날 문득, 깨, 달, 았, 다. 내가 그리도 외치던 구호, 그 구호 속에서 바라던 세상을 위해 기도한 적 없다는 것을 말이다. 소주 한 잔 하자는 친구들의 요청을 뿌리치고, 동네 교회 기도실로 조용히 걸어 들어갔다. 방석을 들고, 조용한 구석을 찾았다. 무릎을 꿇고 기도하기 시작했다. 아, 그런데 기도가 너무 힘들었다. 이른바 '기도빨'이 서지 않았다. 억지로 비틀고 짜내도 안 되는 것은 안 되는 것이다. 결국 서둘러 일어섰다.

나에게 영성과 사회 참여는 하나가 아니었다. 관념상으로는 하나지만, 정작 내 몸은, 내 영성의 수준은 그 관념을 온전히 체화해 내지 못했다. 그때 나는 무릇 영성이란 공동체의 관계 속에서 익혀야 함을, 개인적 영성만으로는 돌파할 수 없는 시대적 한계를 공동체를 통해서는 넘어설 수 있음을 알았다. 허나, 그렇게 또렷하게 인식했음에도 이 문제를 덮어 둔 채 지나왔다.

그러던 어느 날, 내 안의 추악하고도 더러운 도랑을 메울 길이 있다는 희망을 보았다. 야곱이 자기 머리 위로 하늘 사다리가 펼쳐지고, 오르락내리락하는 천사를 보았듯, 하늘이 열어 준 길을 따라 내게로 걸어와 땅과 하늘이 별개가 아님을 알려 준 책을 만났다. 적어도 이 책의 저자만은 사회적 저항과 고요한 내면을 동시에 갖추는 것이 가능하다는 것, 불가능하지만은 않다는 것을 입증해 주었다. 그간 짐짓 외면해 온 내 양쪽 귀를 붙잡고 바로 돌려세운 사람, 디트리히 본회퍼(Dietrich Bonhoeffer, 1906-1945)와 「성도의 공동생활」(*Gemeinsames Leben,*

복있는사람 역간)이다.

지성, 감성, 영성의 혼연일체

내게 영성 고전을 딱 한 권 고르라면 둘도 생각않고 이 책을 지목한다. 먼저는 저자 때문이다. 본회퍼는 내가 생각하는 영성의 완벽한 모델이다. 영성이란 흔히 생각하듯, 지성이나 감성, 실천과 무관한 어떤 것이 아니다. 그 모든 것이다. 지성 없는 영성은 공허한 감상에 다름 아닐 것이며, 감성 없는 영성은 너무 차갑고 메마르고, 실천 없는 영성은 현실 도피에 지나지 않다.

칼 바르트(Karl Barth, 1886-1968)가 천재라 불렀고, 21세에 신학 박사 학위를 받은 신학자, 가히 천재라는 이름에 값할 지성인이고, 끝내 못다 이루었지만 아름다운 사랑을 나눈 로맨티스트이며, 히틀러와 나치와의 투쟁에서 최전선에 서 있던 풍운아. 본회퍼는 지성, 영성, 감성, 실천까지 두루 겸비한, 우리가 본받아야 할 하나님의 사람이다.

그러나 모든 하나님의 사람은 각 시대의 사람이다. 이 사람 본회퍼도 다르지 않다. 나치당의 집권과 히틀러의 독재와 전쟁은 독일 교회를 둘로 갈라놓았다. 대다수 독일 교회는 독일 민족과 국가의 이익을 추구하는 히틀러를 지지한 반면, 히틀러에게서 적그리스도를 발견한 소수의 무리는 '고백교회'를 형성하였다.

하지만 신생 교회인데다가 비인가 교회인지라 목회자 수급이 절실했다. 고백교회 지도자들은 영국에 있던 본회퍼를 급히 불렀다. 어렵게 구한 발트해 해변의 핑켄발데에 지하 신학교를 열었다. 여기서 그는 1935년부터 1936년까지 수십 명의 신학생과 동고동락하며 그들을 가르쳤다. 이곳에서 산상수훈에 대한 탁월한 평화주의적 해석인 「나를 따르라」의 2부를 강의하고 완성하기도 했다.

내게는 벼락같이 쏟아진 선물이었지만, 당시에는 의구심 가득한 눈초리를 받았다. "세상으로부터 도피한 것이 아니냐", "신앙을 내면화, 신비화하는 것이 아니냐", "거친 세상의 휘몰아치는 폭풍을 도외시하고 안락한 온실 속으로 기어들어가는 것이 아니냐"(에버하르트 베트게, 「디트리히 본회퍼」, 복있는사람 역간, 674쪽)는 비판을 받았다. 바르트조차도 무성한 소문의 진위를 확인하는 편지를 보낼 정도였다.

그도 그럴 것이 이 책은 신학생들에게 묵상과 기도를 무진장 강조한다. 아침에 일어나서 30분 동안 성경을 묵상하고 기도하도록, 서로의 죄를 고백하도록 훈련시킨다. 신학을 가르치고 독일 민족주의에 함몰한 독일 교회를 재건할 고백교회의 전사로 무장시켜도 모자랄 판에, 비현실적으로 보이는 묵상과 기도에 빠져 있으니 여기저기서 개탄의 소리가 들리는 것도 무리는 아니다. 적과 싸우기도 바쁜데 내 죄를 고백하라니.

게다가 이 책에는 사회적 이야기가 한 군데도 암시되어 있지 않다. 본회퍼 이후, 저항 신학, 해방 신학을 추구하는 모든 신학자의 책에는 항상 사회적 억압과 착취, 고통으로 일그러진 현실에 대한 적나라한 고발과 그 현실에 대한 신학적 성찰이 뒤따랐다. 허나, 그들 이상으로 사회적 실천에 투신한 본회퍼의 이 책은 그런 세상이 전혀 존재하지 않다는 듯, 오로지 아침에 일어나 성경을 읽는 것과 한낮의 기도와 노동, 저녁의 안식을 말하고, 홀로 지내는 법과 더불어 사는 법을 배우고, 자기 죄를 형제에게 고백하라는 내용으로 빼곡하다. 그 어디에도 나치와 히틀러의 그림자는 보이지 않는다. 그래서 저자를 지우고 이 책을 읽는다면, 아마도 사막의 은수자나 수도원의 수도사, 혹은 경건주의 운동의 산물로 단정할 것이다.

그러나 바로 그런 침묵의 시간이 있기에, 거친 외부의 압력을 견뎌 낼 넉넉한 내면의 공간이 있기에, 목숨을 걸고 저항했다고 나는 확신한다. 내면의 지성소에서 주님과의 달콤한 사귐이 있었기에 순교자로 호명된 것이다. 내게 없었던 것은 저것이 아니었을까? 오로지 묵상과 기도로 하나님에게만 바치는 나의 시간이 없었거나 부족했기에, 나는 금방 말라 버리는 사막의 물이 된 것이리라.

원수와 더불어 살라

그날 그 밤, 내 기도가 메마르고 성마른 것은 본회퍼에게 있던 핑켄발데 신학교라는 공동체와 서로 죄를 고백하는 동료가 내게는 부재했기 때문이고, 나 자신이 본회퍼의 깊이를 도무지 헤아릴 수 없는 범인이기 때문이었으리라.

저자의 독특한 캐릭터, 책의 중간 부분을 차지하는 묵상과 기도라는 전통적인 영성 훈련을 색다르지만 강력하게 옹호한 점 말고도 이 책의 특징이 하나 더 있다. 바로 원수의 문제다.

이 책은 시작과 끝이 수미상관을 이룬다. 내가 이 책에 함빡 빠진 것은 실은 첫 단락 때문이다. 우리 주님이 원수들에 둘러싸인 십자가를 지셨듯이, 우리 또한 원수들과 살아야 한다는 대목이다(21-22쪽). 본회퍼는 원수를 심판하자고 말하지 않는다. 내 삶에서 악성 종양 잘라내듯 제거하자는 게 아니다. 그 반대다. 원수들과 더불어 사는 것, 그것이 우리의 사명이고 사역이란다. 기가 막혔다.

대학생 시절의 나는 정의란 '원수에 대한 심판'이라고 이해했다. 원수에 대한 심판은 정의론에서 중요한 논점이지만, 기독교의 복음은 다르다. 기독교에서 정의를 대변하는 십자가는 원수에 대한 정죄와 심판 이상으로 '원수에 대한 사랑'을 극명하게 보여 준다. 하나님의 아들인 줄 알면서도 그분을 죽여 버린 하나님의 철천지원수가 다름 아닌 '나'라는 진실을 계시한다.

사회 정의를 목청껏 외치면서 '원수 축출'이 복음적이라고 믿었다. 악한 자가 사라져야 세상에 선이 가득할 테고, 타인에게 고통을 가하는 이들이 제거되어야 세상은 행복할 테니. 하나님은 악인도 사랑하시고 그분 나라에서는 원수와도 화해하거늘, 나는 그런 못된 놈은 없어져야 마땅하다고 믿었다. 원수와 사는 법, 원수를 사랑하는 법, 더 나아가 나 역시 그 원수와 하등 다를 바 없다는, 불편하고 불온하기 그지없는 진실을 인정하는 것, 그것이 참된 경건이 아닐까.

원수가 되지 않으려면

원수와 사는 법으로 시작해서 죄 고백으로 마치는 까닭은 다름 아닌 내가 원수이고, 내가 주변 사람을 아프게 하고 울게 해서다. 그런 죄와 악은 한편으로 거대 악이 스멀스멀 내 속으로 침투해 들어온 것이며, 다른 한편으로 내가 작다고 치부한 악들이 모여 나치와 히틀러를 생산한 것이다. 그러니 결코 작은 것이 아니다.

몇 번을 탐독했는데도 20대의 그 자리에서 그리 멀리 벗어나지 못한 나를 발견하는 것이 서글프다. 그리고 원수의 방법으로 원수를 응징할 것을 요구하다가 원수를 빼쏜 쌍둥이가 되어 가는 한국 교회의 모습이 서럽다. 내 안의 원수를, 내가 하나님 앞에 원수였음을 보지 못한 모습이, 원수 되었던 나를 십자가로 하나님과 화목하게 한 은혜를 경험하고도 다메섹 가는 바울마냥 상대방을 잔해하는 모습이 20대의 내 모습이어서 아프다.

1만 달란트 탕감받고도 100데나리온을 용서하지 못하는 나는 아직도 무릎 꿇고 고개 조아리며 사회적 문제를 기도하는 것이 버겁기만 하지만, 본회퍼가 그리도 나무라던 잘못마저 저지르고 말았다. 본회퍼는 목회자가 교회에 대해 불평하는 것을 엄히 금한다(42쪽). 목사는 고발하는 검사가 아니라, 사랑하라는 사명으로 부름받은 자이기 때문이다.

그것은 나와 이웃 사이에 그리스도가 없기 때문이다(51쪽). 사람들에게 믿음 있고 경건한 자로 보이고 싶고, 경건치 않은 죄인이고 싶지 않은 것이다(183쪽). "자기 정당화에서 나오는 폭력 행사가 아니라, 은혜로 말미암은 칭의에 기초한 섬김"(155쪽)을 내면을 지배하는 원리로 삼지 못해서다. 내가 미워하는 원수가 실상은 나의 짝패이고, 한국 교회 안의 나와 내 안의 한국 교회가 마치 에서와 야곱과 같기에 나는 다시 한 번 이 책을 읽는다. 아마도 내 인생 내내 이 책을 읽어야 할 게다. 그것은 내게 저주지만, 실로 벼락같은 축복이기도 하다.

함께 읽을 책

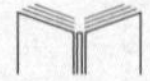

- 에버하르트 베트게가 저술한 「디트리히 본회퍼: 신학자-그리스도인-동시대인」(복있는 사람 역간)은 본회퍼 전기의 결정판이다. 그러나 어마무시한 책이다. 부록을 포함해서 1,500쪽에 달하는 대작이다. 그 압도적 위엄에 주눅 들어 지레 포기하기 십상이다. 하지만 본회퍼 연구와 읽기를 위해서는 피해 갈 수 없다. 천재 신학자요, 나치에 저항한 순교자라는 아우라를 뚫고 본 그는 그리스도의 제자다. 그때 그곳에서 그는 자신의 동시대적 문제와 씨름하며 한 사람의 그리스도인으로 살았고, 그 삶을 신학화하는 데 천부적 재능을 발휘하였다.

  그러면 베트게는 어떻게 이리도 길고 긴 책을 쓸 수 있었을까? 이 책의 부제인 "신학자-그리스도인-동시대인"을 패러디한다면, 베트게는 본회퍼의 "제자-친구-친척"이다. 베트게는 핑켄발데 신학교에서 제자로 본회퍼에게 배웠고, 의기투합한 친구로 편지를 주고받았고, 나중에는 본회퍼의 조카딸과 결혼함으로 한 가족이 되었다.

  이 책 분량에 질려서 지레 포기할 이들을 위해 베트게는 간결한 요약본을 친절하게 예비해 주었다. 「디트리히 본회퍼」(복있는사람 역간)다. 개인적으로는 엘리자베스 라움이 쓴 「디트리히 본회퍼: 나를 따르라」(좋은씨앗 역간)가 좋았다. 부제목인 "나를 따르라"와 책 표지 제목 바로 아래에 적힌 "행동하는 영성으로 폭력의 시대를 거스른 희생의 제자도"는 내 마음에 박힌 문장이다. 본회퍼의 삶과 신학이 독자의 가슴에도 적중하기를 바란다.

- 그래도 본회퍼의 저작을 직접 읽는 것이 낫겠다. 가장 대중적이고 유명한 「성도의 공동생활」을 읽었다면, 곧바로 「나를 따르라」(복있는사람 역간)를 집어 읽으라. 아마 한 번쯤 들어봤을 거다. "값싼 은혜"라는 단어 말이다. 그 말의 출처가 바로 이 책이다. 핑켄발데 신학교에서 산상수훈을 강의한 내용이다.

  "값싼 은혜는 우리 교회의 숙적이다. 오늘 우리의 투쟁은 값비싼 은혜를 얻기 위한 투쟁이다"라는 문장으로 시작되는 이 책은 "예수 그리스도에 대한 나의 열정을 뜨겁게 해 준 책"이라고 추천한 김영봉 목사의 말처럼 지치고 닳아빠진 우리 영혼을 복음서에 쓰인 그대로 살아가도록 뜨겁게 달굴 등불이요, 주류 기독교에는 낯선 평화주의에 관한 관심과 헌신으로 인도할 촛불이 될 것이다.

「성도의 공동생활」과 「나를 따르라」를 읽고 본회퍼의 삶과 신학의 마력에 끌려 들어갔다면, 번역된 그의 전 작품을 샅샅이 추적하는 일은 당연한 필연이다. 마지막 종착지로 다다를 책은 그의 주저인 「윤리학」이리라. 나는 「나를 따르라」의 본회퍼가, 그토록 인도의 간디를 만나고 싶어 했던 본회퍼가 히틀러 암살에 가담하면서 겪는 내면 풍경과 신학적 정당화가 궁금해서 읽었다. 수용하지는 않았지만, 십분 이해하게 되었다.

아, 여기서 본회퍼 저작에 대한 두 가지 판본을 설명하는 것이 독자에게 도움이 되겠다. 그의 저작은 두 출판사에서 집중적으로 나오고 있다. "대한기독교서회"에서 출간하는 판본이 학술적이라면, "복있는사람"에서 출간하는 판본은 대중적이라고 보면 된다. 나는 논문에서 인용할 때는 대한기독교서회 번역본을 이용하고, 독서 모임을 하거나 추천할 때는 복있는사람 판본을 사용한다.

15장

사회 참여의 영성을 찾아서

엘리자베스 오코너의 「세상을 위한 교회, 세비이어 이야기」 읽기

괴물과 싸우다가

내 안에 있었을까, 그것이? 기성세대를 향해, 기존 체제를 향해 타는 목마름으로 외쳤던 그것들, 이를테면 '자유'라든가, '민주', '평등', '평화', 그런 것들 말이다. 나 바깥의 국가와 사회에 요구했지만, 정작 내 안에 있었을까? 내가 속한 가정과 교회 안에서는 살아낸 스토리가 있었나? 없으니까 주먹을 불끈 쥔 것은 아닐까?

지금의 내가 그때의 나를 돌아보면, '나'를 예외적 공간에 둔 채로 외부 세상에 강요하기 일쑤였다. 그때의 내가 지금의 나를 바라보면, 중요한 가치와 의미를 잃고 소시민적 삶에 안주하고 있다. 복음의 진

리와 역사의 진실은 결코 둘이 아니라 하나라고 믿었지만, 여전히 둘은 하나이기는커녕 접촉도, 접속도 없이 제각기 흘러간다.

데모한답시고 뛰어다니고 사회 과학 책을 탐독하던 그때는 윗세대의 담론이 한심하고 답답하기만 했다. 그나마 몇몇 선배와 선생들은 사회 구원과 개인 구원은 분리될 수 없다며 짐짓 우호적이었지만, 대다수는 개인 구원과 경건의 영역에서 벗어나 사회를 향한 적이 거의 없고, 있다손 치더라도 고작 개인의 도덕 수준에만 머물렀다. 그것이 못내 답답했다. 언제까지나 그곳에만 있을 뿐, 밖으로 나서지 않는다. 자기가 못한 것을 말로 포장하기 급급했다.

그래서 그런 걸까. 정반대로 치달은 이들도 적지 않았다. 개인의 경건과 내면을 죄다 지워 버리고 강경하고도 극단적인 투쟁을 내달은 이들. 분명 그들의 도전은 눈부셨다. 자신이 말한 것을 곧이곧대로 믿고 한 치도 의심하지 않았다는 점에서 정직하고 순수하고 아름다웠다. 그렇게 질주하던 이들을 멈춰 세운 지점은 놀랍게도 내면의 문제였다. 자신이 싸우던 괴물을 닮아 버린 걸까? 동료에게, 가족에게 권위적이고 폭력적이었다. 문제는 영성의 결핍이었다. 그게 내 안에 없었다.

안과 밖

둘이 균형을 이루면서도 내면을 튼튼히 하는

길이 있을까? 그런 전인적이고 통합적인 경우를 보기란 쉽지 않다. 내게 "그런 길이 있다"고 말하는 책이 있으니, 「세상을 위한 교회, 세이비어 이야기」(IVP 역간)다. 원제가 이 책을 더 잘 말해 준다. "Journey Inward, Journey Outward", 즉 "내면/안을 향한 여정, 외면/밖을 향한 여정"이다.

그 여정은 다른 사람은 좀체 가지 않는 좁은 길이다. 시작은 고든 코스비(Gordon Cosby, 1917-2013)다. 2차 세계 대전 종군 목사였던 그는 그럴듯한 대형 교단이나 유명 교회의 출석 유무가 죽음이라는 극한적 상황에 아무런 영향을 끼치지 않는다는 데 충격을 받았다. 과연 교회란 무엇인가?

한 사람을 알려면, 그의 삶을 이야기하게 하고, 그가 속한 공동체에 대해 말하게 하라고 한 최고의 윤리학자 알래스데어 매킨타이어(Alasdair MacIntyre, 1929-)의 말은 참으로 옳다. 사람 수나 돈의 많고 적음이 아니라 참된 공동체, 신앙만이 죽음 같은 삶에서 우리를 건져 내고 세상을 구원한다고 믿었기에, 코스비는 150명을 넘지 않는 교회, 소그룹 중심의 교회를 시작했다. 그는 휘황찬란한 미국의 수도 워싱턴의 뒷골목에서 죽어 가는 이들의 삶 깊숙이 들어가서 지금, 여기 계신 하나님을 보여 주었다. 알코올 의존자, 노숙인, 장애인, 어린이, 예술가 등을 위한 수많은 사역을 감당하고, 헌금과 후원 등 1년 선교비로 무려 2천만 달러를 지출했다. 한국 돈으로 약 220억 원이다. 언빌리버블!

이 교회 이야기가 이토록 많은 이에게 참된 교회를 향한 여정에 나설 용기를 심어 준 것은 코스비의 놀라운 사역과 함께 콤비를 이루어 그것을 글로 풀어낸 글쟁이, 엘리자베스 오코너(Elizabeth O'Connor, 1921-1998)가 있었기 때문이다. 오코너는 동생의 알코올 의존증을 치유하기 위해 워싱턴에 들렀다가 방문한 교회에서 자신의 전 인생을 걸 만한 소명을 발견했고, 자신이 그 이야기의 일부가 되고, 책을 쓰는 작가가 되었다.

내가 원수

핵심을 한 문장으로 간추리면 이렇다. "내면을 먼저 정돈하라! 그러나 안과 밖의 균형을 맞추라!" 순서를 바꾸어도 좋다. "교회 내적 영역과 외적 영역의 균형을 잡으라! 그러나 내면에서부터, 교회 공동체 자신의 이야기에서 시작하라!" 어느 하나도 잃지 않으면서도, 둘 다 잡는 길은 내면에서 시작해야 한다.

나의 이런 판단은 이 책의 구조와 흐름을 따라가면서 자명해졌다. 무릇 책읽기 노하우 중 하나는 '목차를 찬찬히 뜯어보기'다. 책의 얼개는 목차에서 나타나기 때문이다. 이 책의 1장과 2장은 내적 여정을 다루고 있다. 그런 다음 공동체와 사회 참여 활동에 관한 것을 이야기한다. 그러므로 우리는 내면에서부터 시작해야 한다. 무릇 "변화의 능력은 안에서 솟아"나는 법이다(27쪽). 자신의 내면을 건드리지도, 울리지도 못하는 말은 그 어디에도 가 닿지 못한다. 허공을 맴도는, 목표에 이르지 못하는 것을 성서는 예부터 '죄'(하마르티아)라고 하지 않았던가.

내면과 관련해서 내가 눈여겨본 것은 두 가지다. 하나는 '질문의 중요성'이다(27, 31, 43, 107쪽). 자기를 제외하고 외부의 모든 사람에게 요구하는 일체의 주장들을 가장 먼저 실천해야 할 사람은 바로 '나'다. 저자는 주문한다. "자기 자신을 질문의 선반 위에 올려놓으라. 타인에게 말하기 전에 자기에게 물어보라. 나는 내가 말하는 대로 실천하는가? 그걸 누리고 있는가?"

그렇다면 왜 자신에게 묻지 않을까? 내가 보기에 '예외주의' 때문이다. 자기만 쏙 빼놓고 남에게 적용한다. 하나님과 자아의 동일시! 내가 하나님 되기! 정의와 공정을 운운하지만, 이면에 똬리를 튼 것은 다름 아닌 나다. 그 말 속에 내가 없다. 내가 하나님이고, 하나님이 나다. 내 생각과 이익은 하나님의 영광을 위한 것이고, 하나님의 영광을 위한 모든 것은 거룩하고 선하다.

다른 하나는 '훈련'이다. 세이비어 공동체의 제자 훈련은 유명하다. 그리고 독특하다. 매일 하루 한 시간 기도드리기, 1년에 두 차례 침묵 수련회에 참여하기, 십일조와 함께 재정을 이웃을 위해 사용하고 검소하게 생활하기, 영적 자서전 쓰기 등, 한국의 여느 제자 훈련과 닮은 듯하지만 원초적이다. 성경 공부 프로그램으로 꽉 짜여 있지 않다. 침묵과 기도를 강조하고, 독서와 매일의 영적 일기를 권한다. 저 엄청난 사회봉사에 참여해야 함은 물론이다.

이는 자기와의 싸움을 제대로 하기 위함이다. 영적 전투의 1차 대상은 '자신'이다. 자아와의 싸움을 회피하는 모든 전투는 자신마저 파멸시키고 만다. 물론 그 전에 가족과 이웃, 친구를 희생시키겠지만. 그래서 자기 자신부터 시작해야 하는 거다. 나부터 살아내야 하는 거다. 그렇다. "원수는 우리 내면에 있다"(252쪽). 아니, 원수는 바로 나다. 내가 원수처럼 여긴 그들이 아니라, 내가 원수다. 내 안에 있는 원수는 바로 나였다. 내면을 정돈하라! 그래야 고속으로 달리다가 일순간 (고든 맥도날드가 말한) '함몰 웅덩이'에 빠지지 않게 된다.

성공에서 성숙으로

저자는 내면에서 시작하지만 그곳에만 머무르지 않는다. 우리네 여정은 어디 한 군데 머무름이 아니지 않은가. 자기 안에 갇히면, 앞에서 본 대로 내가 신(神)이 되고 만다. 그러기에 '여정'(Journey)인 게다. 자기 밖, 교회 공동체 밖을 향해 길을 떠나야 한다. 나로서는 저자가 그랬듯이 균형을 강조하고 싶다. 오코너의 말을 날것 그대로 들어보자.

> "내적 여정과 외적 여정 사이에서 창조적 긴장을 유지해야 함을 더 깊이 깨달았다"(19쪽).

> "교회가 내적 여정을 밟지 않고서도 외적 여정을 밟을 수 있다고

생각하면, 중대한 실수를 범하는 것이다. 교회가 외적 여정을 밟지 않고서도 내적 여정을 밟을 수 있다고 생각해도, 참담하기는 마찬가지다"(36쪽).

"내면이 절대로 외면에 희생되어서는 안 된다. 외면도 절대 내면에 희생되어서는 안 된다"(67쪽).

신앙은 성공이 아니라 성숙을 추구한다. 그렇다면 성숙이란 무엇일까? '균형'이다. 예컨대, 하나의 생물이 자라기 위해서는 주요 영양소뿐 아니라 미량의 영양소도 필요하다. 미량의 영양소가 부족하면 병이 생기고 만다. 다리 하나가 짧거나 긴 의자를 생각해 보라. 쓸모없다. 어느 하나라도 과하거나 모자라면 문제가 생긴다. 하나님 사랑과 이웃 사랑의 일치, 가정, 교회, 직장의 균형과 통합, 넘쳐도 모자라도 불균형이 발생하면 영적 장애가 되고 만다.

이를 오코너는 내면(inward)과 외면(outward)이라고 한다. 내면으로 들어오는 길, 외면으로 뻗어나가는 길. 둘은 바울 사도의 서신서 인사말인 '은혜와 평화'와 같다. 동전의 양면처럼 어느 하나가 없으면 다른 하나도 없다. 저마다 은사와 기질이 달라도 어느 하나를 소홀히 하면 다른 것도 붕괴한다. 보이지 않는 하나님과의 관계가 보이는 하나님의 형상에 대한 사랑으로 나타난다. 내 앞의 이웃을 돕지 않는 한, 우리는 하나님을 사랑한다 말할 수 없다.

실토한다. 지금도 나는 두 여정을 걷기보다, 사이에 끼여 있다. 언제까지 부초처럼 떠다닐 것인지, 원. 경건을 앞세우는 이들에게는 약자를 보라고 외치고, 정의를 내세우는 이들에게는 경건 생활을 하라고 다그치는 나는 늘 둘 사이에서 표류한다. 그런 나를 질책하며, 걸어가야 할 방향을 지시해 주는 내 마음 속 고전이 하나 있으니, 이 책이다. 이 책이 있는 한, 이 책을 읽는 한, 내게는 내면과 외면의 영성이 있다. 언젠가 야고보가 말한 영성의 사람으로 하나님 앞에 설 거다!

> "하나님 아버지께서 보시기에 깨끗하고 흠이 없는 경건은, 고난을 겪고 있는 고아들과 과부들을 돌보아 주며, 자기를 지켜서 세속에 물들지 않게 하는 것입니다"(약 1:27, 새번역).

함께 읽을 책

● 유성준이 쓴 「미국을 움직이는 작은 공동체, 세이비어 교회」와 「세이비어 교회 실천편」(이상 평단 펴냄)은 한국 교회에 세이비어 공동체를 본격적으로 소개하고 유통한 주인공이다. 그동안 소문만 무성한 공동체의 실체를 궁금해 한 많은 이의 갈증을 단번에 해소해 주었다. "세이비어 교회"에 관한 오코너의 책이 번역되어 나오지 않는 이상 이 책이 세이비어 공동체의 전모를 밝혀 줄 것이다.

● 여전히 교회가 세상을 바꾸어야 한다는, 바꿀 수 있다는 외침이 만연하지만, 교회 자체가 문제라는 생각은 도통 하지 않는다. 세상 변혁의 주체인 교회가 도리어 변혁 대상이 되었는데도 자신을 반성하는 것을 출발점으로 삼기보다 자꾸만 밖을 바라보면서 투지를 불태우는 모습이 안쓰럽다. 그런 점에서 「그리스도인의 양심선언」(로널드 사이더, IVP 역간)은 우리의 시각을 교정하는 데 유용하다.

로널드 사이더는 북미 복음주의자들이 그들의 주장과 달리 정반대로 사는 현실을 적나라하게 고발한다. 이혼율이 비그리스도인과 별반 다르지 않고, 부유한 그리스도인일수록 기부를 적게 하며, 성적 불륜과 혼전 성관계에서도 하등 차이를 보이지 않는다. 인종 차별을 유지, 고착화하는 데 일조하고 있다. 복음적 기독교인도 그렇지 않은 사람과 견주어 똑같은 가정 폭력을 행사한다. 이럴 때마다 파블로프의 개처럼 나는 〈친절한 금자 씨〉(2005)의 대사가 생각난다. "너나 잘하세요."

우리나라의 보수적 기독교인은 좀 다를까? 디테일은 조금 달라도 우리의 자화상임이 틀림없다. 기독교가 실패한 원인은 우리가 그 복음을 따라 살지 못했기 때문이다. 활동가이자 이론가인 로널드 사이더는 교회다운 교회를 요구한다. 교회가 먼저 교회다워져야 한다는 이 책이 많이 읽히길 바란다.

● 교회가 문제다. 세상은 어제와 같고, 언제나 문제였지만, 교회는 하나님 나라를 미리 맛

보는 시식 공동체이고, 눈으로 보고, 손으로 잡을 수 있는 가시적 하나님 나라다. 허나 현실은 슬프게도 하나님 나라를 가로막는 장애물, 방해거리가 다름 아닌 교회다. 많은 이가 열정적으로 지역 교회에 투신했다가 온갖 상처를 뒤집어쓰고 떠나고 있다. 자신도 그런 경험을 한 필립 얀시가 결국 교회로 돌아오는 여정을 「교회, 나의 고민 나의 사랑」(IVP 역간)에서 그리고 있다. 청소년들의 베토벤 연주와 같은 현실 교회를 변증하는 그의 힘겨운 노력이 처절하고 애처롭다. 그래도 어쩌겠는가. 교회는 그리스도의 몸이니, 그 몸을 떠나서는 머리 되신 그리스도를 따를 수 없으니, 나는 그 교회를 사랑한다.

- 「예수는 어떤 공동체를 원했나?」(게르하르트 로핑크, 분도출판사 역간)를 소개할 수 있어서 기쁘다. 지금까지 교회가 문제이고, 문제투성이 교회를 사용하시는 하나님에 대해 말했지만, 뭐랄까, 목소리에 힘이 들어가지 않았다. 그렇지만 현실 교회를 비판하든 변호하든, 그 기준은 예수께서 세우시려 한 하나님 나라와 하나님 나라 공동체로서의 교회다. 그래, 물어보자. 예수는 어떤 공동체를 세우려고 하셨을까? 세상과 구별되는 대조 사회! 그것이 예수께서 이 땅에 오신 이유이자 십자가에서 죽으시고 부활하신 이유다. 찬찬히 읽다 보면, 예수 공동체의 아름다움과 위대함, 혁명성에 가슴이 벅차오르는 감동을 느낄 것이다.

16장

투표의 영성을 찾아서

짐 월리스의 「하나님의 정치」 읽기

정치를 위한 영성

"어떻게 투표해야 하나요, 목사님?"

이따금 받는 질문이다. 어떤 이는 정말 어떻게 해야 할지 몰라서 묻고, 또 어떤 이는 자기 생각을 지지받고 정당성을 확보하고 싶어 묻는다. 그럴 때마다 나는 되묻는다. "무엇 때문에 고민해요?" 그러면 하나님을 믿는 그리스도인으로서 어떤 정당에, 어떤 후보에게 한 표를 던져야 할지 망설여진다는 답이 돌아온다. 진보를 표방하는 정당은 뭔가 미심쩍다. 보수를 주장하는 정당은 답답하다. 어떤 정당은 너무 급진적이어서 두렵다.

사실 선거 참여 행위를 '영성'이라는 고상 찬란한 단어로 수사하기에는 둘의 동거가 어색하다. 기도의 영성도 아니고, '투표의 영성'이라니. 이러다가 밥 먹는 것, 화장실 가는 것, 길을 걷는 것에 이르기까지 영성이 필요하다고 할 판이다.

하지만 영성을 예배당 안에서의 활동이나 성경 읽고 기도하는 것으로 제한해서는 안 된다. 보이지 않는 하나님이 보이는 몸을 입고 이 땅에 오셨듯이, 우리는 공적 현장에서 어떤 형태로든 신앙을 이미 표현하고 있기 때문이다. 어떻게 투표하면 되느냐는 물음을 받았을 때 처음에는 나 역시 잘 몰라 어리바리했다면, 이제는 당당하고 손쉽게 답한다. "이 책을 읽으라!"

교회나 사회 어디나

책읽기는 저자 읽기이자 독자 읽기다. 문학 비평 중 일부는 저자의 죽음을 말하기도 하지만, 저자를 이해하면 책도 수월하게 읽힌다. 특히 이 책이 그렇다. 짐 월리스(Jim Wallis, 1948-)를 알면 이 책 「하나님의 정치」(*God's Politics*, 청림출판 역간)가 좀 더 잘 보인다.

짐 월리스는 복음주의자다. 19세기와 20세기 초, 미국에서 발흥한 근본주의의 자식이다. 복음주의자라 함은 "신앙은 근본적으로, 정치는 참여적으로"를 지향하는 일련의 그룹을 가리킨다. 하나님은 예배당에만 계신 것도, 성경 읽고 기도할 때만 만날 수 있는 것도 아니다.

하나님은 사회적 영역도 창조하셨고, 그 안에서도 활동하신다. 하나님의 주권을 부정할 수 없다면, 그곳에서도 하나님을 노래해야 하리라. 월리스는 이런 복음주의 정신에 투철하다. 하나님 신앙이 모자라서 사회 참여하는 것이 아니라, 하나님을 매우 잘 믿기에 투신한 것이다.

하지만 월리스는 진보적이다. 그는 19세기 초, 아일랜드에서 태동한 근본주의 성격의 복음주의 개신교 교파 플리머스 형제단(Plymouth Brethren)인 가족에서 태어났고, 트리니티 복음주의 신학대학원을 다녔다. 본시 그는 보수적 신앙인의 전형이었다. 하지만 차별당하는 흑인을 보고, 마틴 루터 킹(Martin Luther King, Jr., 1929-1968)과 존 F. 케네디(John F. Kennedy, 1917-1963)의 암살을 보고, 마태복음 25장을 읽으면서 변한다. 베트남 반전 운동에 뛰어들고, 슬럼가로 들어가서 가난한 흑인들과 함께 산다. 이제는 미국 정치와 교회에 상당한 발언권을 갖고 있다. 한때는 버락 오바마(Barack Obama II, 1961-)의 정치적 멘토 중 한 사람이었다.

그는 스스로를 일컬어 "시대를 잘못 태어난 19세기 복음주의자"라고 부른다. 찰스 피니(Charles Finney, 1792-1875)와 존 웨슬리(John Wesley, 1703-1791), 윌리엄 윌버포스(William Wilberforce, 1759-1833)의 복음주의를 사랑한다는 말이다. 그들은 뜨거운 복음의 열정으로 전도했고, 교회의 부흥을 갈망했으며, 사회적 약자인 고아와 노예를 위해 헌신했다. 동과 서가 서로 멀 듯 개인 구원과 사회 참여를 따로 떼어 놓는 부류가 아니었다.

우리는 마치 '교회 안의 하나님'과 '사회 속의 하나님'이 다른 하나님인 듯 말한다. 반면, 19세기 복음주의자들과 윌리스에게 그 둘은 결코 분리될 수 없는 하나다. 어느 하나가 없으면 다른 하나도 없다. 윌리스와 같은 복음주의자들이 귀한 것은 사회 참여의 새로운 가능성을 보여 주기 때문이다. 뜨겁게 기도하고 찬양하며 날마다 성경을 묵상하면서도 정치적으로 진보적일 수 있다. 신앙과 정치 모두 보수적일 수도 있고, 진보적일 수도 있지만 말이다.

하나님 편에서는

나는 이 책이 우리에게 주는 세 가지 핵심 메시지를 말해 보려 한다. 첫 번째 핵심 메시지는 하나님은 하나님 편이시라는 것이다. 그분은 "민주당의 하나님도, 공화당의 하나님도 아니시다." 보수도, 진보도 아니시다. 하나님은 어느 편도 아니시다. 그러니 세상의 특정 정당 편이 되지 말고, 하나님 라인에 서라. "하나님이 우리와 함께하사 이 전쟁에서 이기게 해달라"는 기도를 바꾸어 우리가 하나님 편에 서 있는지, 하나님과 함께하는지를 물어야 한다고 한 에이브러햄 링컨(Abraham Lincoln, 1809-1865)의 말이 떠오른다.

하나님은 어느 당도 아니시다. 모든 당이시며, 어느 한 당과만 동일한 분이 아니다. 내가 투표하는 정당과 하나님의 뜻을 일치시킬 수 없다. 더 나아가 다른 정당에 투표한 행위가 하나님 뜻에 정확히 반하는 행위라고 단정할 수도 없다. 언제부터 하나님이 특정 정당의 하나님으로만 제한되었는가? 나와 같은 당을 지지하면 벗이고, 그렇지 않으면 적인가?

어느 정당을 지지하든 (그것이 나름 신앙적 판단에 따른 것일지라도) 그것은 두 가지 문제를 노정한다. 하나는 '하나님을 축소하는 것'이다. 왕정 국가의 기독교인과 민주주의 국가의 기독교인이 만나 정치 참여를 토론한다고 가정해 보자. 한 사람은 왕과 왕정을 지지하는 것이 하나님 뜻이라고 말할 테고, 또 한 사람은 국민이 선거로 국가 최고 지도자를 선출하는 것이 하나님의 방법이라고 말할 것이다. 시대를 창조하시는 하나님을 시대의 일부로 편입시키면, 무한한 하나님이 초라하고 볼품없어진다. 내 설교는 하나님 말씀인 성경을 설교하는가, 아니면 내가 지지하는 정당을 성경의 이름으로 설교하는가?

다른 하나는 '상대방을 악마화하는 것'이다. 정치적 견해가 다르면 대화가 되지 않고, 얼굴을 붉히기 일쑤다. 부부가 갈라서고, 교회가 쪼개진다. 세대가 나뉜다. 성별이 대립한다. 불구대천의 원수마냥 돌아선다. 우리를 그리스도인 되게 하고 한 몸 이루게 하는 것은 오로지 예수 그리스도의 보혈이다. 십자가의 은혜로 한 몸 된 우리가 정치적 사안 때문에 미워하고 분열한다면, 나는 누구의 제자인가? 과연 예수의 제자일까, 아니면 정당 당원일까? 예수의 제자단에는 열심당원도 있고, 세리도 있었다. 신자이면서 당원일 수 있지만, 어떤 정체성이 더 중요한지를 묻는 것이다.

저자는 말한다. "이 책의 중심 주제는 우리가 모든 도덕적 이슈에 대한 종교적 확신을 공적 영역에서 표현하되, 남들의 신앙의 진정성을 공격하지 말라는 것이다"(481쪽). 우리의 신앙이 옳기에 이겨야 한다는 말은 그리 틀리지 않다. 그러나 우리의 신앙은 원수도 사랑하는 것이기에 다른 견해를 가진 이도 존중해 주는 것이 더 옳다.

두 번째 핵심 메시지는 선택적 정의를 추구하지 말라는 것이다. 미국의 경우, 좌파는 가난과 정의, 전쟁에 비판적이다. 우파는 가족의 가치를 우선한다. 왼쪽이 생명 윤리라는 관점에서 사형과 전쟁을 반대한다면, 오른쪽은 생명이라는 가치로 낙태를 반대한다. 그러면서 상대방을 헐뜯기에 여념 없다. 서로 상대편을 하나님 편이 아니라고 말한다. 그러는 '나'는 하나님 편인가? 어쩌면 '네'가 하나님 편일 수도 있다.

우리도 다르지 않다. 내가 지지하는 정당과 정치인의 행동은 모든 것이 정당화되고, 상대방의 것은 모두 부당하다고 주장한다. 남한의 인권을 비판하면서도 북한의 인권에는 눈감거나, 반대로 북한의 인권 문제에는 흥분하지만 정작 우리 문제에는 모르쇠다. 이를 두고 '내로남불'이라는 거다. 이를 두고 '선택적 정의'라고 한다.

반면, 저자는 '포괄적 정의'를 말한다. 특정한 한 가지로 지지를 결정하지 않아야 한다. "다른 성경적 이슈들을 무시하고 단일 사안으로만 투표하게 해서는 안 된다"(483쪽). 예컨대, 가난, 환경, 폭력과 전쟁, 인권, 테러 반대, 생명 윤리(26-27쪽) 등이다. 우리는 여기에 페미니즘도 추가해야겠다. 어쨌든, 한두 쟁점만으로 모든 것을 판단하기보다 총체적 관점을 확보하면서 접근해야 한다.

마지막으로 이 책은 우리에게 기독교적 의제가 무엇인지를 강력하게 보여 준다. 크게 두 가지다. '전쟁'과 '가난'이다. 전쟁은 '폭력'으로 바꾸면 된다. 이 두 사안이 성경에서 얼마나 많은 분량을 차지하고, 얼마나 중요한지를 역설한다. 전쟁과 폭력을 반대하는지, 가난한 자를 위한 정치인지, 가난한 자와 맞서는지를 살핀 연후에 투표한다.

윌리스는 참으로 엉뚱한 실험을 한다(277-279쪽). 성경에서 가난과 가난한 자에 관한 말씀을 오려 내는 작업이다. 어떻게 되었을까? 성경책이 무려 절반 가까이 사라졌다. 가난한 자에 대한 관심을 말하면, 대뜸 일하지 않는 자에 대한 복지의 부당성을 말한다. 허나, 저자는 열심히 일하는 자가 충분한 보상을 누릴 수 있게 해야 한다는 데 방점을 찍는다.

내가 놀란 점은 저자가 미국 공화당의 가족적 가치도 중요한 척도로 받아들인다는 것이다. 하나님이 어느 정당 편도 아니라고 하지만, 실상 그는 민주당에 가깝기 때문이다. 하나님은 어느 국가의 하나님이 아니라고 말하지만, 그는 결국 미국인임을 부정하지 못한다. 그러나 그는 다른 진영의 논리일지라도 그것이 성경적이고 국민의 삶을 풍요롭게 한다면, 당파를 초월한다. 반대편에서도 하나님의 단편을 보는 안목을 키워야 하리라.

나 자신은 표를 받을 만한 사람인가

어떻게 투표해야 할까? "먼저 우리 자신이 표를 받을 만한 존재가 되자"는 것이 최종 대답이다. 월리스는 끊임없이 외친다. "저항도 좋지만, 대안은 더 좋다." 주전자 속 개구리처럼 기성 세계에 순응하는 것도 아니고, 불평하면서 폭력으로 기존 질서를 뜯어고치며 저항하는 것도 아닌, 이전의 세상과 다른 세상을 보고 믿는 자로서 지금 여기서 살아내는 자가 되라는 것이다.

이소라가 노래했듯이, 세상은 어제와 같고, 내일도 오늘과 같을 것이다. 세상이 바뀐다면, 나의 한 표가 세상의 변화에 일조한다면, 세상과 같지 않은 삶을 살아내는 그 한 사람에 의해 변화가 시작될 것이다. 만약 각 종교를 후보라고 생각하고 우리 국민이 투표한다면, 기독교는 당선될 수 있을까? 저자의 마지막 이 말이 오래도록 기억될 것이다. "우리가 기다려 온 인물은 바로 우리 자신입니다."

함 께 읽 을 책

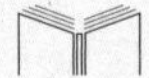

- 사회 참여를 고민하는 복음적 기독교인들에게 최고의 텍스트는 짐 월리스일 것이다. 그의 유명세와 영향력에 비해 우리나라에 너무 늦게, 그리고 너무 적게 알려진 것이 다소 아쉽다. 워싱턴 뒷골목에 자리한 신앙 공동체를 이끌면서도 미국 정계에 깊숙이 개입하고, 진보적 목소리와 오순절 신앙의 독특한 스타일이 결합된 월리스는 그리스도인의 사회 참여 의제를 설정하는 데 탁월한 나침반이다.

  「부러진 십자가」(아바서원 역간)의 영서가 나의 첫 월리스 읽기였다. 읽는 내내 감탄과 탄식이 연달아 터졌다. 이렇게 복음적이고도 진보적이라니! 신앙은 이렇게 보수적인데, 정치는 이렇게 진보적이라니! 이렇게 귀한 것이 알려지지 않고 읽히지 않는 것이 안타까워 탄식이 절로 나왔다.

  한편으로 세속에 물들지 않는 그리스도인이 되라는 바울의 주문(롬 12:2)을 멀리하고 세상 그 자체가 되어 버린 우리의 모습을 적나라하게 들추어낸다. 세상의 권세에 물들어 버린 우리네 예배와 신앙에 대해 너무 솔직해서 신랄하고, 그러하기에 부인할 수 없어 연신 끄덕이며 수긍하게 만드는 힘이 있다. 월리스는 예서 멈추지 않는다. 세상과 구별된 대안 공동체가 되라는 것이 하나님의 근본 부르심이라고 역설한다. 그리하여 제도화된 기독교가 아니라 성경에 뿌리내린 기독교로 돌아갈 것을 촉구한다.

  책 제목을 유의하라. 원제는 "성경적 사람을 위한 어젠다"(Agenda for Biblical People)이다. 세상에 순응한 기독교가 자기를 부인하고 십자가를 지고 따르기는커녕, 정반대로 십자가를 부인하고 자아의 욕망에 충성하는 실태를 고발하기 위해서 편집자가 그리 잡은 거다. 책은 과거나 부정이 아니라 미래와 긍정을 말하는데, 달려갈 푯대를 제시한다. 그가 제시한 의제는 지금도 유효하다.

- 「그리스도인이 세상을 바꾸는 7가지 방법」(짐 월리스, 살림 역간)에서 월리스는 미국의 종교적 우파가 신앙을 정치에 적용하는 방식의 폭력성이나 매우 협소한 주제를 침소봉

대하는 것이 성경적이지 않으며, 다른 한편으로 미국 사회를 바꾸는 정치에 대한 잘못된 접근이라고 비판한다. 그렇다면 우리는 어떻게 해야 하는가? 사회 참여에 대한 혐오와 무력감에 빠져 무관심하지 말아야 하며, 나아가 잘못된 종교와 정치에 대한 최고의 대안은 참된 종교와 정치 참여라는 것이 그의 주장이다.

그보다 더 주목할 것은 사회 참여의 깊은 영성이라는 확고한 진지를 구축하라는 그의 제안이다. 서구, 특히 미국 역사에서 놀라운 사회 변혁의 원점에는 대각성 운동이 자리하고 있다. 조나단 에드워즈 등이 주도한 1차 각성 운동은 미국의 독립을, 찰스 피니로 대표되는 2차 각성 운동은 노예 폐지를 앞장서서 주장하고 실천하였다. 19세기 말과 20세기 초에 걸친 3차 각성 운동은 빈곤 해결에 적극 참여했다. 그리고 마틴 루터 킹의 민권 운동도 기독교 신앙이라는 뿌리가 있었기에 성공할 수 있었다.

미국 역사를 일별하면서 월리스는 기독교의 사회 참여는 영성에서 우러나오는 것이어야 한다는 것, 그리고 현재 미국의 종교적 우파와 같은 자잘한 주변 이슈가 아닌 사회의 근본 문제를 건드리고 혁신하는 것임을 역설한다.

● 말로는 뉘라서 못할까. 기존 공식에 얽매이지 말고 다른 세상을 보라고, 기존 것을 낯설게 보라고 말만 한다. 정치도 그렇다. 맨날 신물 난다고 하면서도 기존 관습에서 한 치도 벗어나지 못한 채, 양자택일을 강요당하고, 그것이 불변의 것인 양 수용한다.

「믿음은 행동이 증명한다」(규장 역간)로 저 자신을 증명한 바 있는 셰인 클레어본이다. 크리스 호와 공저한 「대통령 예수: 평범한 급진주의자를 위한 정치학」(죠이북스 역간)에서는 새로운 상상력을 발휘하니 엉뚱하면서도 무지하게 재미있다. 신선하고 신난다. 그러면서도 '이런 깊이도 있구나', '그런데도 따뜻하구나'를 연발하게 만든다. 마쓰모토 메이지의 「가난뱅이 역습: 무일푼 하류 인생의 통쾌한 반란」(이루 역간)을 연상시키는 이 책, 누룩처럼 그대 마음에 스며들리.

17장 고향을 찾아서

앙드레 지드의 「탕자, 돌아오다」 읽기

나는 나그네

고향이 없다, 나는. 고등학교 졸업 이후 친구들은 흩어지고, 가족은 그렇게 알콩달콩하지 않으니, 이따금 들르는 고향도 정든 고향이 아니다. 본시 지리산 깊숙한 동네에 살던 사람들이 거칠고 힘찬 동해 바닷가로 이주하면서 내가 태어나고 자랐으니 그곳도 우리 가족의 고향은 아닐 것이다. 이따금 친구들이 생각나고, 만나면 반갑지만, 애써 찾지 않는다.

구약의 성도들에게도 고향이 없다. 야곱은 아들을 만나러 왔다가 알현한 애굽 왕 앞에서 자신을 '떠돌이'(창 47:9, 새번역)라 부른다. 종족의 시조요, 믿음의 원조인 아브라함 때부터 그들은 유리하던 나그네(신 26:5)였다. 그러다가 나라가 망하고 성전이 파괴된 이후 전 세계로 뿔뿔이 흩어지면서, 자신들을 디아스포라(diaspora)라고 불렀다. 애굽에서는 노예로, 바벨론 땅에서는 포로로 살았다.

그리스도인에게도 고향이 없기는 매한가지다. 예수부터 나그네 출신이다. 우리는 그분이 나그네인 것을 알아차리지 못하고 무심하고 냉담하게 응대했다(마 25:43, 44). 베드로와 야고보도 우리를 남의 나라에 사는 외국인이라고 규정했다(벧전 1:1, 약 1:1). 따지고 보면, 이 말은 우리 국적이 하나님 나라이지, 이 땅도, 대한민국도 아니라는 엄청난 주장이다.

앙드레 지드(Andre P. G. Gide, 1869-1951)의 단편 소설, 「탕자, 돌아오다」(*Le retour de l'enfant prodigue*, 포이에마 역간)는 고향 없는 사람의 정체성을 일깨우고, 고향 아닌 곳에서 살면서도, 고향 땅을 찾아 나서는 우리의 이야기다.

지드는 탕자

앙드레 지드는 1947년에 노벨 문학상을 수상한 작가로, 「좁은 문」, 「배덕자」, 「지상의 양식」의 저자로 알려져 있다. 파리대학 법학 교수였던 관대한 아버지의 때 이른 죽음, 그리고 프랑스에서 드물게 개신교이자 청교도적 신앙에 엄격했던 어머니의 신앙

교육은 그로 하여금 평생 하나님과 종교에서 떠나지 못하게 했고, 끝없이 탈주를 꿈꾸게 했다. 그의 전 생애는 하나님을 사랑하지만, 그의 어머니와 기존 교회에서 학습된 종교적 하나님에게서 부단히 탈출하는 여정으로 점철되어 있다.

지드는 도덕과 율법의 종교에서 벗어나 그 어떤 가치관도 옥죄지 않는 육체적 해방과 자유, 일탈을 꿈꾸지만, 그런 곳에 삶다운 삶이 있을 리 만무하다. 다른 한편으로 세상적인 것, 육체적인 일체를 멀리하고 신적인 것을 한없이 추구하지만, 그런 곳에는 자유가 있을 리 없고, 기쁨이 있을 리 만무하다. 「배덕자」는 전자에 속하는 작품으로 모든 인습과 관습에서 벗어나 누리는 자유는 결국 상실에 이른다는 것을, 「좁은 문」은 후자를 다룬 작품으로 세상과 육체를 벗어난 신앙과 종교는 자신의 이상을 실현할 수 없으며, 종교 본연의 과업에 대한 철저한 배신임을 고발한다. 그리고 「탕자, 돌아오다」는 그 둘을 동시에 보여 준다. 가능성과 한계를 말이다.

지드는 이 단편을 보름도 안 되는 짧은 시간에 완성했다. 이는 둘 중 하나일 텐데, 그야말로 영감을 받아서 그 자리에 앉아 일필휘지해서거나, 아니면 오롯이 그 자신의 이야기가 녹아들어서일 터다. 필시 그 자신의 이야기여서 그랬을 터. 지금껏 살아온 삶을 투명하게 반영하고, 앞으로 살아갈 날에 대한 염원이 투영되었으리라.

그는 이 글의 제사(題詞)에 뚜렷하게 박아 두었다. 그림 한 모퉁이에 화가의 낙관을 찍어 두었다. 이 책을 읽으면서 '탕자와 짝'인 자신을, "미소 짓는 동시에 눈물범벅이 되어 무릎을 꿇고 있을" 자신을 보라고 말이다. 자, 이제 그럼, 탕자의 짝인 그의 얼굴에서 탕자의 다른 짝인 내 얼굴을 슬며시 들여다보자.

두 얼굴의 탕자

이야기는 탕자가 돌아오는 것에서 시작한다. 들뜬 잔치가 끝나고, 주인공은 가족 모두와 차례대로 일대일 대화를 나눈다. 아버지, 형, 다음은 어머니, 마지막은 동생이다. 그 만남 속에서 탕자가 떠나고 귀환한 속사정이 속속들이 파헤쳐진다. 이 아들은 왜 떠났고, 왜 돌아왔을까? 무엇이 돌아올 운명을 알면서도 떠나게 한 것일까? 허기진 배를 움켜쥐고 돌아온 집에서 떠들썩한 잔치를 벌인 이후, 그의 영혼은 충만해졌을까?

돌아온 첫날 밤, 잔치가 끝난 조용한 밤에 아들은 아버지와 마주 앉는다. 둘이 대면하는 장면에서 나는 놀라운 점을 발견했다. 아버지를 떠난 적이 없다는 궤변을 늘어놓는 아들과, 환대하던 낮과 달리 야심한 밤이어서인지 야박하게 훈계하는 아버지의 낯선 모습, 이 두 가지였다. 아버지는 짐짓 엄하게 말한 것이 형의 요구 때문이었다며, 집안의 놀라운 비밀을 발설한다. "여기에선 녀석이 법이란다." 아버지가 아니고?

둘째 날에 만난 형과의 대화는 차갑기만 하다. 도스토옙스키의 나이 어린 '대심문관' 같다고나 할까? 형은 아버지의 대변자를 자처한다. 아니, 통제하고 배제한다. 자신을 통하지 않고는 누구라도 아버지 뜻을 알 수 없다고 단언한다. 이렇게 아버지와 집에 대한 둘째의 방황과 반항의 실체가 드러난다. 바로 형이었다.

형과 나눈 날 선 대화에 지친 그를 토닥여 준 이는 역시 어머니다. 아버지에게도, 형에게도 발설하지 못한 진실을 토설한다. 자신이 누구인지 알기 위해 떠났던 길, 형이 독점해 버린 집을 떠나 자유를 찾아 나선 길의 종착지는 또 다른 종살이였다. 돼지가 먹는 것으로도 채울 수 없는 육체적 허기와, 자존심을 건드리는 정신적 학대를 일삼는 못된 주인 밑에서 그는 노예였다, 아들이 아니고. 억압하는 형과 구속하는 집에서 벗어나려던 탈출이 기실 또 다른 억압과 구속의 문을 열었다.

내가 놀란 또 다른 장면은 그가 그토록 싫어하던 형을 닮겠다는 결심을 밝히는 대목이다. 아들은 자신이 사랑하는 여인이 아니라 어머니가 골라 준 처자와 결혼하고 고분고분하게, 고만고만하게 살겠다고 말한다. 그런 아들에게 어머니는 막내를 부탁한다. 떠날 당시 탕자와 같은 나이대의 동생 걱정이 이만저만이 아니다.

동생은 돌아온 형을 누구보다 만나고 싶었지만, 끝내 돌아온 형이 못마땅하다. 그런 동생과의 대화에서 탕자는 두 개의 얼굴이 포개지는 것을 본다. 미워했던 첫째 형의 얼굴과 과거 떠날 때의 자기 얼굴이 일치하는 것이다. 그래서 이제는 어딘가에 속하고 싶다는 소속감의 결핍을 말하면서도 동생의 길을 막지 않는다. 외려 축복해 준다. 그 길에 무엇이 있을지, 그 길 끝이 어디일지 알 수 없어도, 어쩌면 자신처럼 돌아올 것을 알기에, 조바심 내지 않고 길 떠나는 동생의 손을 잡아 준 것일지도 모른다.

성전이 되라

구속하는 집을 떠나고 나서야 어디나 집임을, 아버지가 계시지 않은 곳이 없음을 발견한 탕아. 그러나 그 어디에서도 쉴 길 없는 종살이, 그리하여 반겨 안아 주는 내 집, 내 아버지가 계신 곳으로 돌아온 아들. 나는 어디에 있는 걸까? 집 밖인가? 아니면 집으로 가는 길인가? 그것도 아니면 집 안인가?

형은 하나님의 사랑을 도덕과 율법으로 끊임없이 축소하는 기성 종교다. 그래서 가나안 교인이 늘어나는 것일까? 가나안 교인들은 탕자처럼 형이 군림하는 집을 떠났지만, 아버지를 떠난 적은 결코 없는 사람들이다. 그러나 하나님과 교회를 어찌 구분하고 분리할 수 있으랴. 아들 예수 그리스도를 통해 하나님 아버지를 알 수 있고, 아버지께 갈 수 있듯이, 우리는 성경과 교회를 말미암지 않고서는 하나님을 알 길이 없다.

그렇게 싫은 형이 아버지 노릇 하는 곳이 집이다. 그런 집이 없다면 살 수 없기에 결국 돌아오고 마는 이야기는 작가의 오랜 숙제를 에둘러 말한 것이리라. 기존 종교와 도덕적 제약을 벗어던지고 싶지만, 어머니에게 물려받은, 몸에 밴 신앙을 제거한다는 것은 살과 피를 구분해야 하는 샤일록의 저주와 다를 바 없다.

그렇지만 해답이 마냥 없는 것은 아니다. 지드의 이야기를 읽으며 나는 동시에 성경의 전체 이야기를 생각했다. 성경을 읽어 내는 몇 가지 키워드가 있다. 예컨대, '하나님 나라', '구속사' 등인데, 그중 하나가 '성전'이다. 구약의 사람들은 노예로 살든, 포로로 살든, 자신들이 사는 그곳에 하나님이 계시고, 하늘 저 끝, 바다 한복판에도 하나님이 존재한다고 고백한다. 성전을 지은 이스라엘은 성전 없는 바벨론 땅에서도 하나님이 계심을 보았다.

헌데, 허전했나 보다. 성전이 그립고 그리워 기어이 성전을 지었으니 말이다. 이전 것과 견주어 볼품없더라도 성전을 봉헌하고 예배드리고 싶었던 것이다. 예수께서는 건물이 아닌 당신 자신, 당신의 인격이 성전이라 선언하셨다. 그리하여 그분은 크게 외친다. "이 성전을 헐라"(요 2:19). 외형적 성전을 허물어야, 사람들이 성전임을 보게 될 테니까.

하나님이 창조하신 세상 한 치라도 그분이 없는 곳은 없다 하지만, 그리하여 "주 예수와 동행하니 그 어디나 하늘나라"(새찬송가 438장)라고 노래하지만, 신약의 성도들도 하늘나라를 소망하기는 매일반이다. 그래서 신약의 마지막 이야기는 천국이다. 밧모 섬의 사도가 바라본 천국에는 '성전'이 없다. 하나님도 계시고, 천군 천사의 찬양과 어린양과 함께 고통받은 성도들의 웃음이 끊이지 않는 그곳 어디에도 성전은 없다. 왜? 천국이 성전이 되었기 때문이고, 우리가 모두 성전이기 때문이다. 하나님의 본뜻은 '성전을 지으라'가 아니라 '성전이 되라'일 터.

결국 성경은 우리에게 아버지가 되라고, 집이 되라고 초청하는 것 아닐까? 나를 키우고 지켜 준 아버지가 되고, 집이 되어 주는 것, 그것이 탕자가 돌아온 단 하나의 이유이고, 우리가 황량하고 황망한 세상을 끝내 살아가는 이유다. 이 소설은 묻는다. "당신은 누군가가 돌아와 고단한 몸을 쉴 집인가?" 이제 내가 대답할 차례다. "고향을 찾는 사람이었으나, 고향이 되는 사람이 되겠습니다."

함께 읽을 책

● 한 사람의 인생을 결정짓는 경험은 유년과 가정인 경우가 많다. 앙드레 지드가 그렇다. 그는 소싯적(11살)에 아버지를 잃고, 신앙적으로 지나치게 엄격하고 도덕적인 어머니 밑에서 자란다. 어머니의 종교와 도덕의 틀 안에서 형성된 그의 내적 세계의 체질은 부단히 탈주를 모색하면서도 결코 그것을 떠나지 못하는 숙명을 형성한다. 그래서 그는 '사이'에서 늘 고민하고 출구를 모색한다.

「좁은 문」(문예출판사 역간)도 그러하다. 주인공 알리사와 제롬은 깊이 사랑한다. 둘 사이를 가로막는 장벽이 있으니 청교도적이고 금욕주의적인 이상이다. 특히 여주인공 알리사는 제롬을 사랑하지만, 그 사랑이 하나님에게로 가는 길, 하나님에게서 그녀에게로, 제롬에게로 오는 은총의 방해물이 되지 않을까 괴로워한다. 성경이 가르치는 대로 믿는 자는 좁은 길을 선택하니까. 하나님도 사랑하고 제롬도 사랑하지만, 신의 사랑에 온전히 자신을 바치고자 했기에 알리사는 제롬을 멀리하고 금욕적 삶을 실천한다. 결국 둘의 사랑은 파국에 이르고, 그로 인한 슬픔과 아픔은 그녀를 죽음으로 몰고 간다.

사랑하는 사람을 떠나야 하나님을 사랑하고 사람을 사랑하는 길이 있지만, 기독교 안에는 사랑하는 사람을 통해서만 하나님 사랑, 이웃 사랑에 이르는 길도 있다. 닭이 먼저냐 달걀이 먼저냐처럼 어느 쪽이 옳은지에 대한 질문에는 딱 부러진 답이 없지만, 사람 없는 하나님 사랑의 위험을 경고하는 앙드레 지드의 말은 허투루 읽히지 않는다.

● 예수의 탕자 이야기는 기독교 복음의 정수지만, 그 자체로도 엄청난 흡입력이 있다. 모든 시대에는 탕자가 있고, 그들은 거개가 예술가적 기질이 다분하다. 고정된 틀 속에 갇히기를 거부하는 그들에게 탕자의 탈향과 귀향은, 그리고 그를 넉넉히 받아들이는 하나님의 곡진한 사랑은 모든 시대마다, 모든 탕자마다 달리 읽혔다.

「탕자의 정신사」(미야타 미츠오, 홍성사 역간)는 총 2부로 구성되어 있다. 1부는 회화 작품 속에 나타난 탕자를, 2부는 문학 작품들 속에 나타난 탕자를 다룬다. 미츠오는 역사적으로 과거를 추적하면서도, 오늘 우리 시대의 탕자들에게 하나님의 사랑으로 초대하고, 자신을 발견하고 자신에게로 돌아가라고 손짓한다. 탕자 이야기의 다양한 변주를 보면서 예수의 비유가 풍성해지고, 하나님의 은총이 충만해진다.

● 미츠오의 것이 거시적이고 역사적이라면, 나우웬의 「탕자의 귀향」(포이에마 역간)은 미시적이고 실존적이다. 전자가 수많은 작품을 휙휙 스치듯 지나가면서 전체를 보게 한다면, 후자는 한 작품을 끈질기고 줄기차게 관찰하다가 풍덩 빠져들게 한다. 내가 잘 사용하는 비유로 말하면, 일본인 작가의 책은 망원경이라면, 네덜란드 작가의 책은 현미경이다. 그러면서도 나우웬이 "탕자의 귀향"이라는 그림과 화가 렘브란트를 씨줄과 날줄 삼아 피륙을 짜는 솜씨는 장인의 그것이다.
무엇보다도 둘째 아들, 첫째 아들, 그리고 아버지의 캐릭터를 뽑아내고 우리네 신앙이란 둘째 아들에서 첫째 아들로, 그리고 마침내 아버지가 되어 가는 율동임을 그려 낸다. 하여, 우리는 방탕한 둘째 아들도 사랑하고, 판단하고 정죄하는 첫째 아들도 사랑하는 용서와 환대의 아버지를 닮아 가는 영적 여정의 어느 지점에 서 있는지를 성찰하게 된다. 만약 나우웬의 이 책에 푹 빠졌다면, 자매편인 「집으로 돌아가는 길」(포이에마 역간)도 곁들여 읽을 만하다. 「탕자의 귀향」을 쓰기 전에, 그가 진행한 워크숍을 녹취하고 풀어냈다.

18장

합리적 영성을 찾아서

C. S. 루이스의 「순전한 기독교」 읽기

무신론에서 유신론으로

"어려서부터 개방적인 환경에서 자란 소년이 있었다. 청소년기에 과학의 세계에 눈을 뜬 뒤 화학에서 생명 과학을 거쳐 의학을 공부해 의사가 되었다. 그 와중에 비종교인에서 불가지론자, 마침내 열렬한 무신론자가 되었다.

병원에서 회생 불가능한 질병으로 고통당하는 할머니의 신앙 간증과 함께 질문을 받는다. '종교가 무엇이냐'고. 여태껏 단 한 번도 신앙을 반대하는 근거에 대해 고민한 적이 없었다. 과학자답게 자료를 검토하고 사실과 논리에 근거하여 결론을 내리지 않았던 것이다. 그때 그는 발밑에서 얼음이 깨지는 것을 느꼈다.

그는 신앙의 근거를 캐물을 요량으로 동네 교회 목사님을 찾았다. 목사님은 현명하게도 대답 대신 책 한 권을 건네주었다. 철저한 무신론자에서 최고의 변증가가 된 C. S. 루이스의 「순전한 기독교」였다. 그는 이 책으로 신앙을 발견하고 거듭났다. 이 사람이 인류 최초로 31억 개의 유전자 서열을 해독한 게놈 프로젝트 대표자 프랜시스 콜린스다. 믿음의 이유를 묻는 구도자들에게 대답할 '책'을 항상 예비해 두자."

2010년 1월 28일자 〈국민일보〉 "겨자씨" 코너에 실린 글이다. 프랜시스 콜린스(Francis Collins, 1950-)는 전투적 무신론자를 대표하는 리처드 도킨스(Richard Dawkins, 1941-)도 인정하는 탁월한 과학자다. 그가 기독교 신앙의 여정으로 향하게 된 전환점이 루이스이고, '사실과 논리'다.

이번에는 전투적 무신론자들에게 신적인 존재로 추앙받던 사람 이야기를 하련다. 앤터니 플루(Antony Flew, 1923-2010)다. 그의 책을 공부하려면 박사 학위 과정 중 한 학기 세미나를 오롯이 바쳐야 했다. 이 사람의 주장은 이렇다. 우리가 어떤 믿음을 갖기 위해서는 그에 합당한 증거를 제출해야 한다. 증거 없이 믿는 것은 부도덕하다는 것이다. 그렇다면 그가 보기에 기독교에는 신앙을 뒷받침할 증거가 있을까? '기독교는 증거 없는 신앙'이라는 것이 그의 논지였다.

그런 그가 말년에는 유신론자가 되었다. 그는 무신론 진영을 대표하는 탁월한 철학자이자, 기독교를 궁지로 몰아넣는 일급 논리학자였다. 감리교 목사의 아들로 태어나 기독교 학교에 다닌 그를 무신론으로 이끈 것도, 다시 유신론으로 돌아서게 한 것도 '증거'였다. 그는 예수 부활의 역사성과 사실성을 뒤늦게나마 인정했다. 여기에는 게리 하버마스(Gary Habermas, 1950-)가 큰 공을 세웠지만, C. S. 루이스(Lewis, 1898-1963)의 영향도 있었다. 사실과 논리를 따라 자신의 학문에서 최고 자리에 올라선 저명한 과학자와 철학자가 기독교 신앙으로 돌아오는 데는 루이스가 자리한다.

플루의 책에는 독특한 클럽 이야기가 나온다. 바로 "소크라테스 클럽"이다(「존재하는 신」, 청림출판 역간[현재 절판], 44쪽). 루이스는 이 클럽의 회장으로, 자신이 만든 회보에 소크라테스의 말을 인용했다. "우리는 어디든 논증이 이끄는 곳으로 따라가야 한다." 루이스는 자신의 말을 충실히 따랐고, 그 길에서 예수를 만났다. 그러니 루이스를 따라가라. 벧세메스로 가는 암소처럼 곧장 나아가라.

유신론에 이르는 여정

「순전한 기독교」(*Mere Christianity*, 홍성사 역간)의 영향력은 콜린스라는 한 개인이 먼저 입증해 주었지만, 공적으로도 널리 인정받고 있다. 미국 복음주의 잡지인 〈크리스채너티 투데이〉(Christianity Today)가 20세기에 영어로 쓰였거나 번역된 책 중 최고 기독교 명저 100권을 선정했다. 전문가 몇 명이 속닥하게 모여서 뒷방이나 골방에서 선정한 것이 아니다. 많은 학자와 목회자, 평신도 등이 두루 참여해서 공신력 있는 결과를 산출했다. 11-100위는 알파벳순으로 열거했고, 1-10위은 랭킹을 발표했다. 1위는 어떤 책일까? 칼 바르트도, 디트리히 본회퍼도, 라인홀드 니버도 아니다. 루이스의 「순전한 기독교」였다. 나는 개인적으로 바르트나 본회퍼가 1등이어야 한다고 보지만, 그렇다고 이의는 없다. 충분히 자격이 있다. 그런 최고 학자들의 글보다 이 책이 교회와 대중에게 더 많은 영향을 끼쳤기 때문이다. 그러니 신자라면 이 책을 피해 갈 수 없다.

루이스는 자애롭던 어머니의 때 이른 죽음을 경험하고, 엄격하고 무뚝뚝한 아버지의 그늘에서 자랐다. 집 안의 모든 책을 모조리 섭렵하는 독서광에다가 신화, 특히 북유럽 신화를 사랑하고, 자신만의 이야기 세계를 창조하기를 즐겨했다. 15세 전후부터 무신론자가 된 그는 대학에서 만난 친구들과 독서를 통해 그리스도인이 되었다.

루이스는 어딘가에서 무신론자들은 책을 조심해서 읽어야 한다고 말한 적이 있다. 그가 사랑한 책들은 시작점에서든 종착지에서든 결국 기독교에 다다랐고, 그가 읽은 책들은 루이스를 예수 그리스도의 발치 아래로 끌고 와 무릎을 꿇렸기 때문이다.

오늘날과 같이 무신론이 대세요 득세하는 시대에, 한국과 같은 다종교적 상황에서는 저 말이 문자적으로 맞아 떨어지지는 않는다. 그래도 기독교는 다른 어떤 종교보다도 지성적이기에 기독교인들은 많이 읽고 많이 쓴다(기독교인이 책을 안 읽는다고 걱정들 하지만, 여타 종교와 견주어 결코 뒤지지 않고 오히려 앞선다). 해서, 읽는 자가 기독교인이 될 공산은 여전히 높다.

하여간에, 나는 루이스의 생애 가운데 그의 회심 이야기가 가장 흥미롭다. "아마 그날 밤의 회심은 온 영국을 통틀어 가장 맥 빠진 회심이자 내키지 않은 회심이었을 것이다"(「예기치 못한 기쁨」, 홍성사 역간, 328쪽). 그에게 다메섹의 바울과 같은 극적인 변화는 없었다. 많은 이가 회심이라면 루터처럼 드라마틱한 체험을 생각한다. 허나, 역사적으로는 루이스처럼 점진적이고도 지속적인, 그래서 눈물, 콧물은커녕 내가 회심을 한 건지, 안 한 건지 모를 정도로 밋밋한 경험을 한 이가 더 많다.

첫 번째 전환은 놀랍게도 무신론자에게서 비롯되었다. "무신론자 중에서도 가장 과격한 무신론자였던 친구가 내 방 벽난로 맞은편에 앉아 복음서가 정말 놀라울 정도로 역사적인 신빙성을 갖고 있다고 말한 것이다"(320쪽). 마치 방 안에 흐르는 공기처럼, 온기처럼 그 말이 루이스의 내면을 조용히 밀고 들어와 소리 없이 점령하였다. 어떠한 강압도 없이 말이다. 그 무신론자의 말마따나 성경은 '범상치 않은 것'이다.

두 번째 영향은 「반지의 제왕」 저자인 J. R. R. 톨킨(Tolkien, 1892-1973)을 비롯한 유신론자들이었다. 이들은 루이스가 어려서부터 사랑한 북유럽 신화와 상상력의 세계를 인정한다는 점을 집중적으로 공략한다. 루이스는 기독교에 물질적 증거를 강요하면서도 정작 상상의 세계를 허락한다는 모순을 인식하지 못했다. 그 신화 이상으로 역사적인 기독교의 세계관을 허구라고 매도하는 것은 자가당착이다.

이제 루이스는 자신이 바라던 것을 기독교 안에서 발견하고 얻었다. "내가 바라는 딱 두 가지 종류의 대화는 거의 완전할 정도로 상상력 넘치는 대화나 거의 완전할 정도로 이성적인 대화였다"(197쪽). 헤겔이 이성적인 것은 현실적이고, 그 반대도 옳다고 했다면, 루이스의 사상은 '이성적=상상적'이라는 공식으로 정리할 수 있겠다. 내가 루이스를 사랑하는 까닭은 어쩌면 상반되는 양면을 어느 하나도 버리지 않고, 동시에 품기 때문이다. 나도 그런 루이스를 닮고 싶다.

「순전한 기독교」를 읽는 방법

"기독교 가정이라면 이 책이 없는 집이 없을 것이다. 그러나 이 책을 읽은 사람도 거의 없을 것이다. 기독교인이라면 반드시 읽어야 할 책이지만, 대부분이 피해 가는 현대의 고전이 바로 이 책이다." 「순전한 기독교」를 소개할 때마다 내가 공식 문구처럼 사용하는 말이다. 누구나 읽고 싶어 하지만, 막상 펼치면 녹록치 않다. "머리말"을 넘어 펼쳐지는 1부 "옳고 그름, 우주의 의미를 푸는 실마리"는 마치 레위기 같아서 덮고 만다.

처음부터 끝까지 독파하기가 만만치 않으므로 곶감 빼 먹듯 읽는 것이 좋다. 1, 2부는 건너뛰고 3, 4부를 먼저 읽거나, 소제목을 보고 마음 가는 대로 책장을 넘겨도 좋다. 이런 독법이 가능한 것은 책의 특성 때문이다. 본래 이 책은 한 권이 아니라 세 권이었다. 루이스가

2차 세계 대전 중 영국 BBC 라디오에서 강연한 내용으로, 1, 2부는 「방송 강연」이라는 제목으로, 3, 4부는 지금의 제목과 동명으로 출판되었다. 그러니 3부부터 봐도 무방하다.

그러나 저자도 편집자도 어렵게 느껴지는 장을 구태여 첫 장에 박아 놓은 연유가 있다. 1부에서 루이스는 기독교인이든, 비기독교인이든, 무신론자든 간에 '옳고 그름'의 기준을 갖고 있다는 논증을 펼친다. 상대주의나 다원주의 세계관을 가진 사람도 일상에서나 학문에서 자신과 다른 견해와 행동에 "그건 옳지 않아"라고 말한다. 2부에서는 그 기준이 다름 아닌 기독교의 하나님임을 설득력 있게 주장한다. 바로 이 점이 기독교가 합리적임을 주장하는 유력한 근거가 된다. 그렇다. 그런데 과연 그렇기만 할까?

좋은 독서는 목차를 유심히 살피는 동시에 제목도 눈여겨보는 것이다. '순전한'으로 번역된 영어 'mere'는 '고작', '단지', '……에 불과한'을 뜻한다. 예전에는 무언가 꾸미거나 포장하지 않은 것을 지칭했다. 루이스는 이 단어를 유명한 청교도 리처드 백스터(Richard Baxter, 1615-1691)에게서 가져왔다. 그에게 '순전하다' 함은, 이것저것 섞이지 않은, 즉 교파에 따라 상이한 해석을 하는 것이 아닌 원래 그대로의 기독교를 가리킨다. 이를 루이스가 차용한 것이다. 루이스에게 '순전함'은 기독교 내에 존재하는 다양한 교파와 학파 사이에 갈등이 심각해진 상황에서 기독교인이라면 모두가 동의할 법한 가장 기초적인 기독교 진리를 말한다.

그런 점에서 나는 이 책이 현대인에게 기독교 교리와 신앙을 가르치는 교재로도 손색이 없다고 본다. 이 세상에 별천지가 있는 양 엉뚱한 데서 헤매지 말고 그냥 이 책을 읽으라. 약간의 수고와 끈기가 있으면 새로운 천지가 열릴 것이니. 구태여 새로운 교재를 쓰려고 하기보다는 권위와 정통성을 확보한 이 책을 활용하는 것이 실용적이고 유용하다.

더도 말고 덜도 말고

사실 나는 루이스의 광팬이었다가 지금은 '탈덕'한 상태다. 세 가지 이유에서인데, 첫째는 기독교 평화주의에 대한 그의 비판이 정당하지 못하다는 점, 둘째는 기독교 신앙의 합리성을 강조한 나머지 기독교의 고유성을 놓칠 공산이 크다는 점(「인간 폐지」, 홍성사 역간), 마지막은 이 책과 관련된 것으로 하나님의 계시보다 인간의 이성을 기독교 변증의 출발점으로 삼은 점 때문이다. 누구에게나 보편타당한 기초가 있을까? 플루가 루이스에 대한 촌평을 부탁받고 말한 대로 "계시라는 것을 전제로 할 경우, 기독교 계시를 지지하는 논거는 상당히 설득력이 있어 보였습니다"(45쪽).

그래도 루이스를 우리 시대의 영적 멘토로 가장 먼저 추천한다. 한국 교회와 신자들이 '더도 말고 덜도 말고 루이스 같다면' 하고 바란다. 바로 사실, 증거, 논리를 따라 움직이는 신앙이기 때문이다. 기독교 신앙은 비이성적이기는커녕 이성적인 종교다.

팩트 체크도 하지 않은 채, 근거도 없이 믿고 싶은 대로 믿고, 밑도 끝도 없는 주장을 펼치는 기독교인을 보면 나는 왜 부끄러워질까? 아우구스티누스, 아퀴나스, 루터, 칼뱅과 같은 위대하고도 위대한 지적 전통의 끝자락에 있는 우리가, 그들의 풍요로운 정신세계에 젖줄을 대고 사는 우리가 어째서 이다지도 맹목적이고 광기 어린 신앙으로 전락하는 걸까?

그러나 루이스는 이성의 힘만 믿는 합리주의자가 아니다. 「순전한 기독교」가 이성적인 루이스를 대변한다면, 「나니아 연대기」(시공주니어 역간)와 그의 우주 3부작 「침묵의 행성 밖에서」, 「페렐란드라」, 「그 가공할 힘」(이상 홍성사 역간)은 상상력의 루이스를 보여 준다. 「고통의 문제」(홍성사 역간)는 고통에 관해 명징하고 객관적으로 접근하며, 아내와 사별한 후의 일기장인 「헤아려본 슬픔」(홍성사 역간)은 통절한 눈물과 의문이 담긴 개인적 고백을 담고 있다. 이성에 기반하면서도 신비를 품은 사람이 바로 루이스다.

루이스 정도면, 기존 신자들은 믿음의 튼튼한 기초를 얻을 것이고, 비기독교인은 그런 정도의 기독교라면 한번 믿어 볼 만하다고 반응할 것이다. 콜린스가 그랬듯이 말이다. 하여, 우리 그리스도인이 더도 말고 덜도 말고 루이스만 같아라. 더도 말고 덜도 말고 루이스만 읽어라. 콜린스와 같은 과학자들이, 플루와 같은 사상가들이 순전한 기독교 신앙으로 돌아오리라. 그리하여 우리 모두 시인처럼 크게 웃을 것이다.

"그때에 우리 입에는 웃음이 가득하고 우리 혀에는 찬양이 찼었도다 그때에 뭇 나라 가운데에서 말하기를 여호와께서 그들을 위하여 큰일을 행하셨다 하였도다"(시 126:2).

그 큰일의 시작이 루이스의 이 책, 「순전한 기독교」 이리라.

함 께 읽 을 책

- 몸 글에도 썼지만, '더도 말고 덜도 말고 루이스만 같아라'가 한국 교회 성도와 목회자를 바라보는 내 심정이다. 바라기는 루이스의 전 작품을 정독하기를 권한다. 저 앞에서 말한 전작주의를 발동할, 현대 작가 중 넘버원이다. 그의 작품은 대부분 소개되었고, 번역의 질도 상당히 좋다.

  많은 이가 루이스 읽기를 「순전한 기독교」로 시작하는데, 그리 만만히 볼 책이 아니다. 각자의 스타일에 따라 다르겠지만, 나는 루이스 입문 책으로 「스크루테이프의 편지」와 「천국과 지옥의 이혼」(이상 홍성사 역간)을 권한다. 전자는 루이스 자신이 악마의 입장이 되어서, 어떻게 기독교인을 유혹할 수 있는지를 고참 악마가 신참에게 보내는 편지 형식이다. 루이스 자신이 얼마든지 쓸 수 있으나 악마의 자리로 파고들어 가 글을 쓰는 것이 너무 힘들어 그만두었다고 하였는데, 그의 심정이 충분히 이해가 간다. 그만큼 자잘한 유혹 앞에서 속절없이 붕괴하는 인간 본성을 위트 있게 그려 낸다. 웃다가 씁쓸해지고, 그러다가 악마가 본 예수 이해의 탁월성에 연신 머리를 끄덕이다가, 백지 종이에 살을 베인 듯 살짝 아려 오는 책이다. 영성과 관련해서도 나는 「순전한 기독교」와 이 책 중 어느 것을 고를지 상당히 오래 고심했다.

  후자는 소설이다. 루이스의 천국 이해는, 그리고 지옥에 대한 관점은 전통적으로 우리가 알고 배운 것과 다소 다르다. 그러나 한국 그리스도인들이 간과한 유구한 기독교 전통의 일부다. 이 책은 현대인에게 천국과 지옥을 합리적으로 그럴듯하게 설명하는데, 그 효능이 탁월하다. 변증가로서의 루이스가 있다면 이야기꾼으로서의 루이스도 있다. 아마 「나니아 연대기」는 이미 읽었을 테고, 이 책을 읽은 다음에 루이스 최고의 역작인 「우리가 얼굴을 찾을 때까지」를 읽는다면, 당신은 루이스의 세계에서 헤어 나오기 어려울 것이다.

- 루이스 읽기는 결국 루이스 인생 읽기다. 그가 일평생 추구한 단 하나의 키워드가 있다

면, 그것은 '기쁨'이다. 그가 정의한 기쁨은 이런 것이다. "그 특징은 바로 충족되지 않은 갈망, 어떤 만족감보다 그 갈망 자체를 더 갈망하게 만드는 갈망이다. 나는 그것을 '기쁨'(Joy)이라고 부른다." 그의 기억에 대한 기억과 읽었던 책이 불러일으킨 이 갈망이 루이스의 삶을 일관되게 밀고 가는 동력이다. 그가 무신론자가 된 것도, 유신론자를 거쳐서 기독교인이 된 것도 기실 기쁨에 대한 갈망이었다.

루이스의 「예기치 못한 기쁨」(홍성사 역간)의 묘미는 지독한 무신론자가 20세기 최고의 기독교 변증가로 탈바꿈하게 만드는 여정에 있다. 무엇이, 어떤 일이 루이스를 회심시켰는지를 추적하는 과정에서 우리도 그를 변화시킨 기쁨의 실체를 만나게 될 것이므로. 헌데, 루이스는 이 책 말미에서 자신은 '기쁨'에 대한 흥미를 잃었다고 고백한다. 왜? 앞의 문장에 힌트를 심어 놓았는데, 직접 읽고 찾아보면 더 기쁘지 않을까?

● 루이스의 자서전은 그의 생애와 사상에 대한 큰 그림을 그리는 데 불친절하고 불충분하다. 자서전이라 그렇다. 자기 이야기이니 주관적일 수밖에 없다. 마하트마 간디의 자서전을 보면, 채식에 관한 내용이 많아서 읽기 따분하다. 내게는 '1'도 안 중요한 것이 간디에게는 '100'인 것이다. 이런 점에서 자서전과 함께 타인의 기록물, 즉 평전 읽기를 병행하는 것이 한 인물을 읽고 이해하는 데 유용하다.

오랫동안 표준적 평전이던 조지 세이어의 「루이스와 잭」(홍성사 역간)과 갈수록 학문적 깊이를 더하고 있는 알리스터 맥그래스의 「C. S. 루이스: 별난 천재, 마지못해 나선 예언자」(복있는사람 역간)가 앞으로 오랫동안 루이스에 대한 교과서적 평전으로 읽힐 것이다. 세이어는 루이스의 절친이었다면, 맥그래스는 루이스가 걸어간 길을 뒤따른 후배라 하겠다. 그는 루이스처럼 무신론자에서 기독교 신학자가 되었고, 루이스가 다니고 가르친 대학에서 공부하고 교수로 일하고 있으니 말이다.

평전 읽기에 재미를 들였다면, 루이스와 다른 사상가를 잇대어 읽어 보는 것은 어떨까? 루이스와 「반지의 제왕」 저자 J. R. R. 톨킨이 절친임은 잘 알려져 있다. 톨킨이 루이스의 회심에 결정적 영향을 끼쳤고, 루이스는 톨킨이 「반지의 제왕」을 쓰도록 끊임없이 격려하였다. 두 사람의 우정과 그 우정의 힘을 확인하는 일은 즐겁다. 두 사람이 갈라진 지점 또한 흥미롭다.

이번에는 루이스와 대척점에 서 있는 사상가를 호출해 보자. 바로 지크문트 프로이트다. 하버드대학 교수인 아맨드 니콜라이는 「루이스 vs. 프로이트」(홍성사 역간)에서 신의 존재, 사랑, 성, 인생의 의미에 관해 두 사람을 대결시키고, 루이스의 오른팔을 번쩍 든다. 나 역시 세계관적으로는 동의하지만, 그 방식이 약간 거슬렸다. 프로이트 말년의 고통을 들어서 비판하는 것은 공평하지 않다. 이 작품은 우리나라에서 연극으로 상연되어 호평받았다. 다시 무대에 올린다면 관람하고야 말 테다, 기필코.

- 루이스는 자신의 회심을 "영국을 통틀어 가장 맥 빠진 회심이자 내키지 않은 회심"이었다고 했다. 루이스가 아내와 사별하고 하나님에게 종주먹을 들이대다가 마침내 "잔인한 자비"를 맛본 바로 그 생가에서 우연찮게 기숙하게 된 한 한국인 신학자가 있다. 그곳에 수시로 드나들던 최고의 루이스 전문가들과의 예기치 못한 만남으로, 의도치 않게 탁월한 루이스 해설가로 등극한 이가 있으니 그가 바로 김진혁 교수다.

김진혁 교수가 쓴 「순전한 그리스도인」(IVP 펴냄)은 한국에서 양극화된 루이스 이해를 통합하는 데 혁혁한 공을 세운 책이다. 한쪽은 「순전한 기독교」를 쓴 이성적인 기독교 변증가이고, 다른 한쪽은 「나니아 연대기」의 저자로 동화 작가 또는 상상력이 뛰어난 소설가다. 루이스의 마력은 상상력과 이성이 둘이 아니라 하나임을 보여 주는 것임을 빼어난 필치로 서술하는 이 책은 저자인 김진혁의 책도 찾아 읽게끔 만드는 마력을 발휘한다.

김진혁의 책이 한국인 저자가 쓴 루이스 해설서로서 번역해 놓아도 결코 뒤지지 않는 작품이라면, 정인영 선생의 「C. S. 루이스 덕후의 순전한 기독교 가이드북」과 「C. S. 루이스 덕후의 순전한 기독교 가이드북-해설편」(이상 부크크 펴냄)은 「순전한 기독교」를 읽는 데 최적화된 책이다. 「순전한 기독교」가 없는 기독교 가정이 드물지만, 실상 그 책을 정독한 이들도 드물다. 친절하고 자세한 안내자가 필요한데, 루이스의 광팬이자 덕후인 정인영 선생은 「순전한 기독교」를 하도 읽고 읽어서 거의 외우다시피 한다. 이 책은 「순전한 기독교」를 씨줄 삼고, 다른 책을 날줄 삼아 엮었다. 그렇기에 「순전한 기독교」 하나로, 그리고 이 해설서 두 권으로 루이스의 세계를 훑게 해준다.「순전한 기독교」 옆에 두고 같이 읽을 책이다.

19장 다원적 영성을 찾아서

레슬리 뉴비긴의 「다원주의 사회에서의 복음」 읽기

우리는 모두 다르다

아내와 나는 다르다. 달라도 너무 다르다. 아내는 돌다리 두드리다가 무너질 지경으로 신중하고, 나는 일단 건너면서 계속 생각한다. 아내는 무엇을 하면 안 되는지에 초점을 둔다면, 나는 무엇을 할까를 늘 고민한다. 우리는 달라서 툭탁거린다. 그래서 성장하고 성숙한다. 나와 다른 아내가 있어 내가 얼마나 깎이고 다듬어졌는지.

인간에 관한 말 중 불변의 것이 몇 개 있다. "인간은 누구나 고통받는다", "인간은 누구나 죽는다" 등등. 기독교적 관점에서 바라본 인간의 진실로는 "인간은 하나님의 형상이다", "하나님이 당신 아들과 맞바꿀 만큼 사랑하신다" 등이 포함되겠다. 우리는 여기에 하나 더 추가해야 한다. "사람은 다 다르다." 달라도 뭔가 많이 다르다. 인간 유형을 MBTI는 16개, 에니어그램은 9개로 구분하지만, 내 생각에는 사람 수만큼의 MBTI와 에니어그램 유형이 있다.

우리 한국 사회도 그렇다. 세대 차이가 크다. 중학생들이 내게 그런다. 요즘 애들 이상하다고. 휴대폰 시대의 아이들은 스마트폰 시대의 아이들을, 아이폰을 들고 있는 아이는 안드로이드폰을 쓰는 친구를 도무지 이해하지 못하겠다고 푸념을 늘어놓는다. 웃을 수도 없고, 그야말로 웃프다.

게다가 다문화, 다종교라는 여건이 우리에게 어려움을 준다. 한쪽에서는 지나치게 극단적으로 타종교에 거부감을 표명하고, 또 다른 한쪽에서는 관용과 존중이라는 이름으로 어느 것도 괜찮다는 상대주의에 함몰된다. 복음의 진리를 믿고 사는 그리스도인에게 다원 사회는 만만찮은 숙명이자 사명이다. 그 숙제를 탁월하게 수행한 우리의 영적 멘토가 있으니, 바로 레슬리 뉴비긴(Lesslie Newbigin, 1909-1998)이다.

아직 끝나지 않은 길

뉴비긴을 수식할 만한 말은 참 많다. 목사요, 신학자요, 작가이지만, 무엇보다도 그는 '선교사'다. 그는 하나님이 선교사로 보낸 사람이고, 우리에게 선교가 무엇인지 가르치도록 보냄받은 선교사다. 주변에 선교사가 있다면 물어보라. "뉴비긴을 아느냐"고. 공부깨나 하는 선교사라면 만면에 웃음 띤 얼굴로 그 자신의 영적 멘토이자 선교의 눈을 열어 준 인물로 꽤 길게 상찬과 감사를 전할 것이다.

뉴비긴은 케임브리지대학의 진보적 학생 선교 단체인 학생 기독교 운동(SCM, Student Christian Movement)에서 활동하고 간사가 되었다. 그에게는 사역하는 내내 쉽사리 떨치지 못한 질문이 하나 있었다. "나는 무엇을 믿는가?" 자유주의는 성경과 신앙을 인간의 경험이자 주관적 기록이라고 가르친다. 그들에 따르면, 성경은 하나님의 계시가 아니라, 하나님에 대한 인간의 생각과 경험의 산물이다. 그러나 그것은 답이 될 수 없다. 또한 사실이 아니다.

뉴비긴이 선택한 것은 교회사의 오랜 방식이자 고전적인 경로였다. 바로 로마서다. 그는 몇 달을 오롯이 로마서 연구에 바쳤다. 그 결과 "갈보리에서 성취된 속죄의 중심성과 객관성에 대한 강한 확신을 갖게 되었다"(『아직 끝나지 않은 길』, 복있는사람 역간, 90쪽). 로마서가 그를 바꾼 것이다. 자유주의자이던 그가 복음주의에 가까운 신자로 거듭났다. 십자가가 복음의 중심이고, 그것이 명약관화한 객관적 사실이라는 것이 뉴비긴을 만들었다.

그렇다고 그를 좁은 의미의 복음주의에 가둘 수 없다. 뉴비긴은 인도 선교사로 사역하면서 인도 교회의 연합을 추구했고, 세계 교회협의회(WCC, World Council of Churches)의 부총무를 역임하기도 했다. 성공회 사제였음에도 은퇴 후에는 개혁 교회 목사로 사역했다. 뉴비긴은 생애 내내 복음 진리에 대한 확고부동한 신앙 위에서 서로 다른 입장과 견해를 조화하고 일치시키며 대화하기를 지향했다.

뉴비긴이 겪은 충격적인 사건 하나는, 인도에서 오랜 선교 사역을 마치고 돌아와서 본 영국이 이교도 사회와 다를 바 없다는 것이었다. 적어도 인도는 종교적 확신이 있었다. 신이 존재한다는 것을 믿고, 신의 존재가 자기 삶의 중심이라고 고백하는 인도의 종교에 견주어 볼 때 영국의 기독교는 지나치게 세속화되어 진리에 대한 확신이 사라진 상태였다.

어떤 점에서는 영국에서의 사역이 더 고달팠다. 세속화와 상대주의에 빠진 영국, 기독교 신앙을 가졌다고 하나 실상은 없다고 하는 것이 나을 정도인 신학자와 신자들. 인도에서 복음을 전하는 것보다 영국을 재복음화하는 일이 더 어려우면 어려웠지, 녹록치 않았다. 은퇴 후에 제대로 된 사역을 한 셈이었다. 그의 자서전 제목이 「아직 끝나지 않은 길」인 것도 그 때문이다. 그렇다면 다원 사회에서 기독교는 어떻게 복음을 확신하고, 어떻게 전달해야 할까?

저마다 다른 세상에서 절대 진리를 믿는다는 것

「다원주의 사회에서의 복음」(*The Gospel in a Pluralist Society*, IVP 역간)에서 뉴비긴에 따르면, 다원 사회에서 복음을 믿는다는 것은 복음이 온 우주에 관한 것임을 믿는 데서 시작한다. 하나님이 창조하시지 않은 것이 없고, 모든 것이 그분의 통치 아래 있다면, 하나님 신앙은 주관적인 것으로 치부되거나 객관성 없는 이야기일 리가 없다. 또한 그는 공적인 영역에서는 타인의 신앙을 존중한다는 의미로 침묵하고 사적인 공간에서만 허용된다는 서구의 이원론과 세속주의를 원천적으로 거부한다.

우리 시대는 과학이 최고 권위를 지닌다. 어떤 주장이나 논리가 합당한지 여부를 점검하는 기준이 과학이다. 과학적인 것은 객관적이고 공개적이고 공적이다. 즉, 과학은 언제 어디서 누구라도 꼼짝없이 동의할 수밖에 없는 보편타당한 진리인 것이다. 반면에 종교는 시공간의 제약을 받는다. 누가 해석하느냐에 따라 달라진다. 그러기에 주관적이라고 매도당한다. 그러나 이것은 계몽주의의 신화다.

뉴비긴은 과연 그러한지 따져 묻는다. 우리가 사실이라고 믿는 것이 정말 '사실'일까? 성경은 사실이 아니고 해석이기만 할까? 과학 철학자인 마이클 폴라니(Michael Polanyi, 1891-1976)에게 기대어 그가 내린 답은 이렇다. "사실이라고 하는 것도 해석된 사실일 뿐이다." 날것 그대로의 사실이라고 하지만, 기실 과학자의 시선으로 재가공된 것에 지나지 않는다. 그래서 과학도 시대마다 변천한다.

무언가를 안다는 것은 무언가에 대한 믿음이 선행되지 않으면 알 수 없다. "1+1=2"라는 공식이 과연 보편타당할까? 1이라고 해서 모든 것이 동일한 1이 아니다. 예컨대, 사람인 나도 1이고, 내 앞의 볼펜도 1이고, 뉴비긴의 책도 1이다. 사람 하나와 볼펜 하나를 더하면 2가 아니다. 이 경우는 그냥 "1+1=1+1"이다. 결코 2가 될 수 없다. 우리 가족은 "1+1=4"다. 그러므로 과학적 사실도 주관성이 배제된 것은 아니다.

그러면 성경은 어떠한가? "성경 자체가 보편적 역사다"(175쪽). 성경은 역사의 의미와 목적을 일깨우는 포괄적인 시선이다. 이것을 메타내러티브(metanarrative)라고 한다. 성경은 우주와 인간의 시작과 과정, 그리고 결말에 이르는 여정을 보여 준다. 팩트 몇 조각으로는 인간답게 사는 법을 결단코 알지 못하지만, 성경을 통해서는 파편적으로 흩어져 있는 사실과 삶을 통합하고 총체적으로 조망하는 눈을 갖출 수 있다.

그래서 뉴비긴은 종교 다원주의에 상당히 비판적이다. 서구의 신학자들은 한때 인도를 종교 다원주의의 성지로 여겼다. 가장 대표적인 사람이 존 힉(John Hick, 1922-2012)이다. 그는 그 유명한 "장님 코끼리 다리 만지기" 비유를 근거로, 우리는 전체 중 일부만 알기 때문에 기독교 역시 하나님에 대한 부분적 진리라며 자기 학대적 주장을 일삼았다. 그러나 그 이야기에 감춰진 중요한 진실 하나가 있다. 그 이야기를 말하는 자는 시각 장애인과 코끼리를 모두 보고 있고, 알고 있다는 것이다!

다음 글은 내가 〈국민일보〉에 연재한 "겨자씨" 칼럼 중 "힌두교 사원 속의 예수"라는 글의 일부다.

> 어느 힌두교 사원은 각 종교의 신의 초상화를 걸어 놓았다. 그중에는 예수님도 있다. 크리스마스가 되면 초상화 앞에서 예배 의식이 거행되곤 한다. 이것이 인도와 동양 종교의 관용성과 포용성의

> 증거이며, 골고다와 서양 종교의 배타성과 편협성을 꾸짖는 근거로 널리 활용된다.
> 힌두교는 사람 수만큼이나 신이 많은 다신론이다. 유일한 하나님인 예수님을 많고 많은 신들 중 하나로 축소한다. 예수님을 프로크루스테스의 침대마냥 자기 종교에 끼워 맞춘다. 자신의 우위를 과시하는 액세서리에 불과하다. 자기 종교가 최고라는 말이다. 예의를 가장한 은근한 결례이고, 무시하는 처사다.
> 서로 다름의 인정이 다원주의라면 이는 다원주의가 아니다. 획일화다. 그리스도인들은 거짓 다원주의를 분별하고 저항할 줄 알아야 한다. 동시에 내가 그 힌두교 사원이 아닌지, 내 생각에 예수님을 끼워 넣고 있지 않은지, 내 욕망을 성취하는 도구로 이용하지 않는지 돌아보고 돌이킬 일이다.

이 글에서 내가 "서로 다름의 인정이 다원주의라면 이는 다원주의가 아니다"라고 한 말은 오해의 소지가 다분하다. 각각의 다름의 결을 살리지 못하고 그저 다르다는 단어 하나로 일괄 도매금으로 넘기는 것은 개별성을 지우고 균질적이고 평면적인 어떤 것으로 만들기에 저리 말한 것이다. 진정한 다원주의는 서로 다르다고 인정하는 것에서 그치지 않고, 각각의 고유성을 존중해 주는 것이라고 나는 믿는다.

아무튼 뉴비긴은 우리가 근대와 이성의 위세에 눌려 기독교 진리를 지나치게 양보하고 타협했다고 질타한다. 비이성적이라는 말을 듣기 싫어서 신앙을 이성적인 틀 안에 꾹꾹 구겨 넣으려 했다. 하나님은 크신 분이다. 창조주인 그분은 타락한 세계를 바로 세우기 위해 다른 이름을 주신 적이 없다. 오직 주님만이 참 신이고, 구원자시다. 그 사실을 양보하거나 타협하거나 침묵하는 일체의 혼합주의가 바로 기독교를 타락시킨 한 요인이다.

다원주의 사회에서 복음을 전하는 길은

성경이 공과 사, 양쪽 모두에 진리이고, 다양한 종교 한복판에서도 진리임을 양보하지 않고 담대하게 선포하는 일은, 우월의식에서 타종교를 깔보거나 폄하하는 태도로 나아가지 않는다. 뉴비긴에 대한 탁월한 해석자인 마이클 고힌(Michael W. Goheen, 1955-)이 이 책 부록에서 말했듯이(469쪽), 이 책의 백미는 18장이다. "복음의 해석자로서의 회중." 복음의 절대성에 대한 타협 없는 주장을 실천하고 실현하는 방식은 다름 아닌 우리의 삶이다. 몹시 감동스러운 문장이라 그대로 인용한다.

> "나는 그리스도인이 공적 영역에 영향을 미치기 위해 일차적으로 고려해야 할 대상은 바로 지역 교회 회중이라는 결론에 도달했다. …… 나의 주장은, 복음을 믿고 복음에 따라 사는 남자와 여자들로 이루어진 회중이 복음의 유일한 해석자이자 단 하나뿐인 해답이라는 것이다"(419쪽).

서구 제국주의가 제3세계에 군대와 함께 선교사를 보낸 뼈아픈 과거의 반성이자, 복음의 힘을 믿는 자의 자신감에서 저런 말이 나오는 거다. 복음의 능력을 믿지 못하면, 복음 아닌 어떤 것을 덧붙여 그럴듯하게 포장하려는 유혹을 받는다. 그것이 복음의 권위를 실추시키는 과오임을 알지 못하고 말이다.

뉴비긴은 오히려 다종교 사회의 공적 영역에서도 기독교의 진리를 담대하게 선언하고 실천하되, 권력이나 재력이 아닌 복음 그 자체의 힘으로, 그리고 복음을 살아내는 신자의 삶으로 전도하자고 외친다. 그것이 한편으로 다원적 사회의 무례하지 않은 기독교이고, 다른 한편으로 기독교 본연의 모습이기 때문이다.

"예수는 책을 쓰지 않고 공동체를 형성하셨다"(419쪽). 내가 참으로 애용하는 뉴비긴의 명언이다. 예수를 닮은 신자들과 공동체만이 다원주의 사회에서 복음을 전하는 최고의 비밀이자 무기다. 성경을 읽고 그것이 진리임을 깨닫고 교회를 다니는 걸까? 아니면 성경을 믿는 이의 삶을 보고, 그의 전도를 받아 다니기 시작할까? 삶이 있는 전도, 즉 '증언'만이 다원적 사회에서 복음을 전하는 최고의 방법이다.

우리는 성경은 물론이거니와 신자의 삶이 지닌 위력을 과소평가했다. 1세기 초대 교회는 거대한 로마 제국에서 극소수였지만, 끝내 로마 전체의 판도를 바꾸었다. 어떻게? 로드니 스타크(Rodney W. Stark, 1934-2022)는 '교리'라고 말하지만, 나는 알렌 크라이더(Alan Kreider, 1941-2017)를 따라서 '신자의 삶', 즉 무언가 끌리게 만드는 매혹적인 삶이 있었기 때문이라고 생각한다. 그것은 뉴비긴의 말이기도 하다. 우리 주님은 지금도 성경을 살아내는 신자 공동체를 소망한다.

그리하여 20세기의 사도는 우리에게 '자신감'(confidence)을 가지라고 다독인다. 그 자신감은 다원성과 다원주의를 구별한다. "나는 그리스도인이 어느 정도의 다원성은 환영하되 다원주의는 거부해야 한다고 믿는다"(447쪽). 모든 종교는 같다거나, 정상에 오르는 길이 여럿이라는 말에 주눅 들어서 의기소침하지 말라는 것이다. 폭력적으로 우리 신앙을 알리지 말고, 담대한 확신과 사랑으로 종노릇하는 삶으로 오직 예수 그리스도만이 유일한 구원자임을 선포해야 하리라.

이 땅에서 우리는 모두 하나님의 부름을 받은 선교사다. 먼 타국의 낯선 곳만이 선교지가 아니다. 한국도 선교지다. 그리고 더 나아가 한국 교회도 선교지다. 교회가 복음을 전해야 하지만, 교회가 복음을 들어야 할 때이기도 하다. 복음이 한국 사회에서 무기력해 보이는 것은 어쩌면 다른 무엇이 아닌, 복음을 '말' 못지않게 '삶'으로 살아내는 자기 정체성이 분명한 선교사적 증인 공동체가 없어서이지 않을까.

다종교 사회에서 선교사요, 선교사적 삶으로 부름받았다는 확신이 있는 성도에게 뉴비긴은 최고의 영적 멘토다. 그 미답지를 걷는 우리가 「아직 끝나지 않은 길」, 그러나 언제까지나 가야만 할 길을 먼저 걸어간 사람, 레슬리 뉴비긴을 사숙한다면, 그는 강력한 동반자가 되어 줄 것이다. 각기 다른 사회에서 한 분 예수를 저마다 다르게 살아낼 증인에게 뉴비긴은 신실한 안내자다. 내게 아내가 있어서, 그리고 뉴비긴이 있어서 얼마나 좋은지.

함께 읽을 책

● 내가 왜 뉴비긴을 사랑한 걸까? 골똘히 생각해 보니, 한편으로 인간이 지닌 양면성 또는 복합성 때문이다. 파스칼이 말했듯이 인간은 동물이자 천사다. 더 나아가 다중적 성격을 지녔다. 뉴비긴의 자서전인「아직 끝나지 않은 길」(복있는사람 역간)에서 보이는 뉴비긴도 여러 얼굴을 지녔다. 성공회 사제이면서도 인도에서는 여러 교단의 교회를 연합해서 남인도 연합교회를 구성하고 주교를 맡았으며, 은퇴 후 영국에 돌아와서는 개혁교회에서 목회했다. 현장 선교사이면서도 원숙한 칼 바르트와 라인홀드 니버와 어깨를 나란히 하는 미래의 주역이 될 신학자였다. WCC 부총무를 역임하였으나 복음주의자들에게 열렬한 환영을 받았다.

다른 한편으로 상당히 보수적인데 진보적이고, 진보적이다가도 보수적이다. 편협한 배타주의를 강하게 비판하면서도 존 힉의 종교 다원주의는 거세게 비평한다. 그는 보수와 진보라는 잘못된 이분법에 말려들지 않고, 그 자장 안으로 밀어 넣을 수 없는, 다면적이면서 깊이와 폭이 넓은 신학자다. 그는 개혁주의와 아나뱁티스트 모두를 아우를 만큼 품이 넓다.

"선교적 교회" 혹은 "미셔얼 처치" 운동의 대부요, 원조 격이다. 뉴비긴을 파고 들면 이 한 사람을 통해서 사방팔방으로 나아갈 수 있고, 백가쟁명 하는 다양한 이론과 학설의 뿌리를 찾아가면 뉴비긴에 다다르거나 뉴비긴을 통과하게 된다. 그러니 아니 좋아할 수 없다.

결정적으로는 뉴비긴이 바울처럼 목회자이면서 신학자요, 선교사이기 때문이다. 저 셋은 삼위일체와 같아서 어느 하나라도 빠지면 바울을 설명할 수 없다. 한 지역 교회를 섬기면서도 한 지역에 머무르지 않고, 목회와 선교를 신학으로 재구축하는 데 성공한 또 한 사람을 거명하자면, 단연코 이 사람 레슬리 뉴비긴이다. 이 매력적인 20세기 인물은 앞으로도 계속 탐독하고 푹 잠길, 21세기를 위한 하나님의 사람이다.

● 내가 번역한 「복음, 공공의 진리를 말하다」(레슬리 뉴비긴, SFC 역간)를 추천한다. 번역한 이유는? 분량이 얇다. 진득하게 한자리에 앉아서 읽으면 1시간이면 족하다. 또 다른 이유는? 그만큼 나는 뉴비긴을 좋아했다. 특별히 서구 기독교가 선교 대상이 되었다는 그의 탁월한 통찰은 나의 신학 세계를 뒤흔들었다. 그리고 내 신학의 출발점이 되었다. 그로 인해 선교가 신학과 신앙에서 얼마나 중요한지를 알게 되었다.

이 책은 주관주의와 객관주의라는 이원론, 공적인 영역과 사적인 영역이라는 건널 수 없는 장벽이 기실 성경적인 것이 아니고 서구적이고 근대적이라는 비평을 가한다. 복음이란 본디 하나님이 온 세상을 창조하시고 타락한 세상을 구속한다는 소식이므로, 당연히 개인과 내면만이 아니라 사회 곳곳의 현장에서도 진리이고 복음임을 역설한다.

불행하게도 나는 이 책을 탐독하고 번역하면서 뉴비긴과 멀어졌다. 헤어진 것은 아니지만, 애정이 좀 식었달까? 뉴비긴은 서구 기독교의 위기의 근원으로 기독교 국가를 지목한다. 다양한 교파의 신학자들이 동의할 뿐만 아니라 나 역시 신학적 사유의 출발점으로 삼은 지점이다. 하지만 그의 비판은 동의하나, 대안이 영 마뜩찮다. 서구 사람인 그에게 기독교가 2천 년간 구축해 온 역사를 처음부터 없었던 것인 양 지우는 것이 불가능하고 과격하게 보이겠지만, 나는 어차피 비판을 시작했다면 '근원으로'(ad fontes) 돌아가야 한다고 생각한다.

뉴비긴은 16세기 종교 개혁을 통과해서 성 아우구스티누스로 돌아가자고 하지만, 나는 좀 더 멀리 거슬러 올라가자고 주장한다. 아우구스티누스에서 머물지 말고, 기독교 국가를 구축한 콘스탄티누스 황제 이전의 기독교, 즉 3세기 이전의 기독교와 신약 성경으로까지 온몸으로 밀고 올라가야 한다고 본다. 바로 그 지점에서 다시 시작하기, 그것이 우리가 복음을 회복하고 복음으로 세상을 해석하고 변혁하는 출발점이라고 믿는다. 뉴비긴이 어정쩡한 타협을 모색했는지, 아니면 내가 지나치게 이상적이고 급진적인지를 판단하는 일은 이 책부터 읽고 하시라.

● 고힌의 책이 몇 권 번역되었고, 여럿 읽었다. 헌데, 그가 뉴비긴으로 박사 학위 논문을 썼다는 것을 「교회의 소명: 레슬리 뉴비긴의 선교적 교회론」(마이클 고힌, IVP 역간)을

통해서 알았다. 뭐랄까, 그의 책에 내가 끌린 것도 뉴비긴이라는 공통점이 있었지 싶다. 뉴비긴의 책을 번역하기도 했고, 정독과 다독을 했지만, 그의 전모를 파악하기란 나의 역량으로는 언감생심이다. 그만큼 뉴비긴의 품이 넓은 것도 있지만 말이다.

고힌의 이 책은 뉴비긴이라는 숲속을 헤매어 본 사람들에게, 그 깊고 풍성한 숲속으로 막 들어가려던 이들 모두에게 더없이 소중한 안내자가 되어 준다. 다짜고짜 이 책으로 시작하기보다는 뉴비긴의 「다원주의 사회에서의 복음」과 「복음, 공공의 진리를 말하다」, 그리고 「헬라인에게는 미련한 것이요」(IVP 역간) 등을 읽고 너무 좋아 기뻐하면서도 조금 방황해 본 다음 읽으면 뉴비긴의 진가와 고힌의 수고에 고맙다는 인사를 할 것이다.

20장 정체성의 영성을 찾아서

하우어워스와 윌리몬의 「하나님의 나그네 된 백성」 읽기

이 땅에서 성도로 산다는 것은

이건 말이 안 된다. 미국과 미국 교회가 근본적으로 바뀐 기점을 고작 이런 것으로 잡다니? 세계사적 전환이라고, 모두가 인지하고 인정할 만한 것이 아니다. 겨우 주일 저녁, 그 도시에서 최초로 영화를 상영한 날이 기독교의 나라 미국과 미국 교회가 근본적으로 바뀐 기점이라니. 그동안 문화적으로, 사회적으로 예배가 있는 시간에는 영화를 상영할 수 없었다. 그런데 동네 극장이 존 웨인 주연의 영화를 개봉한 것이다. 선택할 수 있게 되었고, 그간 교회가 누려 온 특권이 사라졌다.

한술 더 뜬다. 앞의 것은 허탈하기는 해도 웃어 줄 수 있지만, 이것은 의아하다 못해 약간 화가 난다. 신임 목사가 지역 사회를 돕고, 교회가 성장하는 방편으로 탁아소 운영을 제안한다. 그런데 저자들은 괜찮은 자가용 굴리면서 웬만한 기업에서 일하는 맞벌이 부부를 위한 맞춤형 서비스가 과연 교회의 교회다움에 합당한 일인지를 되묻는다. 그게 왜 질문거리이고, 반박할 일인가? 교회답게 되는 것이 대관절 무엇이관대?

이 두 일화를 통해 이 책 「하나님의 나그네 된 백성」(*Resident Aliens*, 복있는사람 역간)의 저자 스탠리 하우어워스(Stanley Hauerwas, 1940-)와 윌리엄 윌리몬(William H. Willimon, 1946-)은 책의 부제처럼 "이 땅에서 그분의 교회로 살아가는 길"을 모색한다. 하나님은 우리를 하나님 백성으로 부르시고 하나님 나라 공동체가 되라 하셨거늘, 우리는 성도답게 살자고 하면서도 세상의 가치관과 기준에 우리 자신을 맞추는 경향이 있음을 지적한다. 성도답게 살지 않고, 성도답지 않게 살고 있다. 하여, 나는 이 책을 우리에게 '정체성의 영성'을 알려 주는 책 중 베스트로 꼽는다.

다르면서 같고, 같으면서 다른

"미국 최고의 신학자!" 2001년 〈타임〉(Time)지에서 저자 스탠리 하우어워스에게 붙인 칭호다. 무슨 물건도 아니고,

신학자 공동체 내에서 특정인에게 '최고'라고 등급을 매기는 일은 가당치 않다. 그러나 우리 당대의 뛰어난 신학자, 스탠리 하우어워스가 쓴 대중적인 이 책의 가치를 설명하기에는 안성맞춤이다. 그만큼 깊이 있는 사유에다가 대중적인 필치와 적절한 예화를 곁들여서 술술 잘 읽힌다. 또 한 명의 저자인 윌리엄 윌리몬은 탁월한 설교자이자 설교학자다. 현장과 강단을 동시에 겸비했다.

하우어워스가 텍사스의 걸쭉한 사투리와 거친 말로 자기주장을 거침없이 펼치는 청바지 스타일이라면, 윌리몬은 정장 스타일이다. 반듯한 이미지에 차분한 성품이 느껴진다. 책날개 사진을 보면 하우어워스는 팔짱을 낀 채 도도하게 아래를 내려다보는 반면, 윌리몬의 사진은 이력서에 어울릴 법하다. 천생 선생이다.

이 외에도 다른 점이 참 많다. 아버지에게 노동하는 법을 배운 윤리학자와 아버지 없이 자란 설교학자, 감리교인이었으나 이제는 성공회 신자가 된 하우어워스와 연합 감리 교회 감독을 지낸 윌리몬, 세상으로부터 도피하는 분파주의자라는 혐의를 받는 하우어워스와 조금은 더 개방적인 이미지의 윌리몬, 전혀 어울리지 않을 것 같은 두 사람이 황금 콤비요, 드림팀을 구성했다. 다른데 같고, 같은데 다르다. 둘인데 하나다. 서로 사이좋다. 그게 이 책의 묘미다.

보이는 하나님 나라, 교회

무릇 한 책을 읽는 방법은 제목을 파악하는 데 달려 있다. 이 책의 원제는 "Resident Aliens"(거류 외국인). 시민권은 갖지 않고 영구히 거주하는 사람을 말한다. 외국인으로 타국에서 사는 이들이다. 그리스도인은 하나님 나라 국적을 지닌 채, 한국, 미국, 일본, 아프리카 등에서 사는 이들이다. 그렇다면, 우리가 어디에 살든, 무엇을 하든, 그리스도인 됨은 자신이 사는 지역과 문화, 풍습이 아닌 하나님 나라를 살아내는 데 있는 셈이다. 성도는 침례(세례)를 통해 국적이 바뀌어 하나님 나라 시민이 되고, 거류 외국인처럼 살게 된다.

민망한 일은 그리스도인도 너희와 다르지 않다고, 이상한 사람이 아니라고, 구구절절 변명을 늘어놓는 것이다. 폴 틸리히(Paul Tillich, 1886-1965)가 대표적이다. 그는 우리더러 홍길동이 되라 한다. 그는 하나님을 하나님이라 말하지 못하고 '궁극적 실재'라고 호명한다. 신앙은 '궁극적 관심'이라고 고쳐 부른다. 보수주의도 다르지 않다. "우리도 과학적이다. 신앙을 비판하는 너희가 오히려 비과학적이다"라는 주장이 보수의 트레이드마크가 되었다. 양측은 세상을 변혁하기는커녕 우리 자신을 세상의 기준에 맞게 변질시킨다.

그 길은 필시 패배다. 백전백패다. 세상과 하나도 다르지 않다면, 각 종교와 문화, 그리고 개인의 욕망이 궁극적 관심이라면 하나님을 왜 믿어야 하는가? 신앙이 과학이라면, 과학자는 이미 신앙하고 있는데 왜 하나님을 믿어야 하는가? 우리가 다른 종교가 아닌 기독교의 하나님을 믿는 것은 다르기 때문이다. 같지 않기 때문이다. 오직 예수만이 구원자이시기 때문이다. 자기다움을 상실하면, 제 맛을 잃은 소금의 운명(마 5:13)에 처한다.

저자들은 세상이 아니라 교회를 주목한다. 저들이 세상의 기준을 따른다면, 저자들은 교회에 초점을 맞춘다. 교회가 교회다워지는 것이 대안이다. 교회는 지상에서 하나님 나라를 눈으로 볼 수 있는 곳이다. 하나님 나라를 알고 싶다면, 교회를 보라! 그 나라를 미리 경험하고 싶다면, 교회로 가라! 그래서 교회를 '미리 맛봄' 혹은 '시식 공동체'라고 하는 거다.

교회가 '미리 맛봄' 공동체가 되려면 먼저 맛을 잃게 한 요소를 제거해야 한다. 두 저자는 그 원인을 '콘스탄티누스주의'에서 찾는다. 콘스탄티누스주의는 정치와 종교가, 국가와 교회가 동맹을 맺는 것이다. 국가는 교회에 배타적 지위와 특혜를 베풀고, 교회는 국가의 존재를 신의 이름으로 정당화하며 정책을 홍보한다. 그런데 그 결속이 깨진 예시가 바로 앞서 말한 극장 사건이다. 법적인 지원이든, 문화적인 후원이든, 그동안 교회가 누려 온 혜택이 사라지고, 교회는 오롯이 자신이 믿는 바 복음의 힘으로 세상 속에서 살아야 한다.

더 적극적으로는 교회 안에서 하나님 나라를 경험케 해야 한다. 신앙으로 산다는 것이 무엇이냐는 질문에 "교회 안의 김 장로님, 이 집사님을 보십시오"라는 한마디면 족하다. 바울 사도가 말한 대로, '그리스도를 본받는 나를 본받으라'(고전 11:1 참조)고 말할 수 있다면, 성공한 인생이요, 복된 교회다. 술과 폭력으로 고통당하는 이에게 해결

책으로 대뜸 이혼을 권유할 것이 아니라, 온 성도가 나서서 그의 자녀를 돌보고, 재정을 나누고, 시간을 보내는 것이 우선이다.

그리하여 저자들은 자주 묻는다. "우리는 어떤 성도, 어떤 교회인가?" 그 대답은 새로운 이해가 아니라 새로운 삶이다. 베드로 사도는 우리에게 당부한 바 있다. '세상의 물음에 항상 대답을 준비하라'(벧전 3:15)고. 그러나 우리가 쉬 간과하는 것이 하나 있다. 예전에는 질문받을 만한 무언가가 있었다는 사실 말이다. 이제 누구도 우리에게 "이 절망 속에서 너희는 어떻게 그렇게 희망하면서 살지?"라고 묻지 않고, 전혀 궁금해하지 않는다. 그들과 별반 다르지 않게 살기에, 유별나게 떠들면 전도가 아니라 홍보요, 증언이 아니라 광고다.

나다움은 더불어 사는 데서 형성된다

이 책과 두 사람은 정체성이란 관계요, 공동체 안에서 형성된다는 것을 보여 주는 산 예증이다. 통상 정체성이란 '나의 나다움'이다. 너와 다른 나, '우리'라는 집합으로 내 모든 것이 귀속되지 않는, 나만의 고유한 것을 가리킨다. 맞다. 내가 나지 누구겠는가. 나는 나다. 너는 너다. 나는 네가 될 수 없고, 너는 내가 아니다. 이소라가 노래했던가. 사랑이 비극인 까닭은 너는 내가 아니고, 추억도 다르게 기억하기 때문이라고. 그러나 신앙에서 다름은 희극이요 축복이다.

광야를 떠도는 모세에게 나타난 하나님은 일급비밀이던 당신 이름을 발설하신다. "나는 곧 나다"(출 3:14, 새번역). 그것이 하나님 이름이고 하나님의 존재다. 나는 '나'로 존재하지 '남'으로 존재하지 않는다고 선언하신다. 출애굽기에서 '남'이란 바로이고 애굽이다. 이스라엘은 주인이나 자유인이 아니라 노예로 종살이하고 있다. 그런 그들에게 이제 너답게, 하나님의 형상답게 떳떳하게 살라 하신다.

그렇다고 정체성이 유아론(唯我論)은 아니다. 천상천하 유아독존이 아니다. 인간은 관계로 존재하고, 관계 안에서 내가 되어 간다. "내가 나지, 누구겠느냐"라던 그분은 히브리인의 하나님이다. 삼위일체라는 공동체 안에서 존재하시는 하나님이다. 그러기에 정체성은 이질적인 타인들과의 관계 속에 있는 나의 나다움이다. 출애굽기로 한정해서 '나의 나다움'을 말한다면, "바로처럼 되지 말라", "애굽처럼 살지 말라"는 뜻이다.

공자는 군자와 소인의 기준을 이렇게 일러 준다(〈자로〉편). 무릇 군자라 함은 남과 같은 것을 욕망하지 않고, 서로 다르다는 것을 인정하면서도 자기 길을 간다. 제 길을 오롯이 추구하면서도 결코 불화하지 않고 조화와 화해를 누린다(화이부동[和而不同]). 남과 같은 것을 추구하는 사람은 오히려 남과 불화하게 마련이다(동이불화[同而不和]).

다원적 사회에서 그리스도인은 더불어 사는 법을 배워야 한다. 그 길은 남과 같음이 아니라 남과 다름이다. 나는 나답게, 그리스도인은 그리스도인답게 사는 것이다. 오죽하면 하나님이 당신 이름을 "나는 곧 나다"라고 하셨겠나. 세상과 하나도 다르지 않으니 세상과 날마다

다툰다. 세상과 구별된 거룩한 삶을 살아내고, 그것을 보여 줄 것이 있는 교회가 되면, 세상이 앞다퉈 교회로 나올 것이다.

이 책과 저자들은 오늘도 소금으로 존재하고, 좁은 길을 걷는 이들의 동반자로 오래오래 함께할 것이다. 대담하게 말하건대, 당신과 당신의 공동체는 이 책을 읽기 이전과 이후로 나뉠 것이다. "나는 나다"로 존재하시는 하나님을 빼다 박은 나로 살라고 하시는 하나님이 참으로 사랑스럽다. 그걸 깨우쳐 준 저자들이 고맙다. 우리 함께 하나님의 이름을 외쳐 보면 어떨까? "나는 나다!"

함께 읽을 책

- 제임스 맥클랜던은 '신학은 전기(Biography)'라고 말한 바 있다. 전기를 신학화할 수 있고, 전기는 신학을 공부하는 데 최적격이라는 말이다. 여기에 딱 들어맞는 이가 바로 하우어워스다. 「한나의 아이」(IVP 역간)는 탁월한 신학자이지만 거칠고 투박한 하우어워스의 자서전이다. 나는 크게 두 가지가 인상적이었다. 하나는 무려 24년 동안 정신질환을 앓는 아내를 지극정성으로 돌보았다는 것이다. 당대 최고 학자의 명성을 쌓고 있지만 그의 일상은 우리와 다를 바 없었고, 어쩌면 더 심각했다. 그의 신학과 윤리가 그저 책 안에서만 나온 것은 아닌 것이다. 다른 하나는 그에게 결정적 영향을 끼친 두 사람이다. 알래스데어 매킨타이어와 존 하워드 요더다. 한 사람의 신학자가 성장하는 데 학문적 스승과 동료가 얼마나 중요한지를 여실히 깨닫는다.

  많은 독자가 이 책의 부제 "정답 없는 삶 속에서 신학하기"에 감명받는다. 성경 이야기를 통해 지금 여기서 살아가는 우리에게 고정불변의 정답에 갇힌 꽉 막힌 교조주의가 아니라 예수의 길을 지금 여기서 각자의 길로 만들어 가고 있음을 일깨운다. 그런 생각을 해 본다. 내 삶의 이야기(전기)는 신학적일까? 내 신학은 삶의 이야기로 구현되고 있나? 뭐 그런 생각. 소설을 많이 읽는 하우어워스인지라, 술술 잘 읽힌다.

- 하우어워스의 「평화의 나라: 예수 그리스도의 비폭력주의」(비아토르 역간)가 번역되다니! 우리나라와 학계, 특히 기독교와 신학계에서는 평화주의에 무관심하거나 약간 적대감을 보인다. 지극히 비현실적이고 이상적인 고담준론으로 치부하고 저 끄트머리로 치워 둔다. 하지만 하우어워스는 평화주의를 기독교 신학과 신자의 삶에서 최우선순위로 다루어야 할 사안 중 하나로 승격시킨다. 뛰어난 신학자들의 논의를 디딤돌 삼아서 평화주의가 예수의 가르침에 가장 충실한 제자도라는 것을 설교인 듯, 논문인 듯 전개한다. 이 책 마지막을 영성의 다양성으로 장식했지만, 한편으로 평화, 또는 평화의 제자도가 영성의 마지막 말임을, 다른 한편으로 위험하고도 아슬아슬한 이 평화주의도 우리네

영성의 일부임을 인정하고 진지한 숙고와 더불어 대화와 토론에 나섰으면 한다.

- 우리나라에 가장 먼저 소개된 하우어워스의 책은 주기도문 해설서인 「주여, 기도를 가르쳐 주소서」(복있는사람 역간)다. 이 책과 「십계명」(복있는사람 역간)을 번역 출간하면 좋겠다는 나의 제안을 수용한 출판사의 현명한 판단이 고마울 따름이다. 「하나님의 나그네 된 백성」과 마찬가지로 윌리엄 윌리몬과 공저한 책이다. 신학이 성경과 동떨어진 것에 비판적이면서도 성경을 신학적으로 읽는 저술이 아쉽다면, 그리고 하우어워스의 입문서로 그의 저작을 조금 편하게 읽고 싶다면, 「하나님의 나그네 된 백성」을 가장 먼저 읽고, 이 두 권을 읽으면 좋다.

닫는 책

나만의 영성을 찾아서

리처드 포스터의 「생수의 강」 읽기

그분을 알고 그분을 살아내고

지금까지 우리는 다양한 영성 고전을 읽었다. 고대에서 현대에 이르는 책을 선정했는데, 그중에는 영적 고전이라고 할 만한 책도 있었고, 문학과 사상을 넘어 무신론에 가까운 책도 있었다. 하나님의 영은 모든 곳에 깃들어 있어, 영적 세계로 손짓한다. 성령은 단 하나의 특정한 방식과 제도에 가둘 수 없다. 하나님의 너비와 길이와 높이와 깊이(엡 3:19)를 어느 누가 어림짐작이나 하겠나. 그래도 단서 하나 없이 미로를 헤매지는 않는다. 영성이 추구하고 다다라야 할 지점은 바로 몸이 되신 그리스도, 십자가에 달리신 그리스도다.

그렇기에 영성을 "보이지 않는 하나님을 보이게 하는 것"이라 하였다. 바람처럼 자유로이 활동하시는 하나님의 영은 필시 무언가를 스치고 건드리며 흔적을 남긴다. 우리는 그것을 단서 삼아 그리스도를 본받는다. 그러기에 영성은 영적인 어떤 것이라기보다는 몸이다. 과도하게 단순화하면 "영=몸"이다. 하나님에게로 가는 단 하나의 길이 예수 그리스도이듯, 우리는 몸이신 주님을 통해서만 영이신 하나님을 만난다. 몸을 떠난 영은 없다.

오직 한 말씀, 한 구절이 우리의 영성 읽기를 이끌었다. "말씀이 육신이 되어 우리 가운데 거하시매"(요 1:14). 영성이란, 그분의 말씀 안에서, 말씀을 통해서 하나님을 아는 것이고, 몸으로, 삶으로 하나님을 살아내는 일이다. 그러므로 이 책을 닫으며 확언할 수 있는 바는, 영성은 제자도이며 몸으로 오신 주님을 본받아 몸으로 사는 일이라는 것이다. 그러므로 한 몸 안에서 많은 지체로 사는 것이 영성의 종착점이다.

영성의 여섯 강줄기

리처드 포스터(Richard J. Foster, 1942-)는 현존하는 최고의 영성학자 중 한 사람일 것이다. 2000년을 맞이하면서 〈크리스채너티 투데이〉에서 뽑은 20세기 기독교 명저 100권 가운데 포스터의 「영적 훈련과 성장」(생명의말씀사 역간)이 8위를 차지했다. C. S. 루이스와 본회퍼, 칼 바르트의 반열에 올라선 것이다. 그만큼 영미권에서 책깨나 읽는 이들은 구체적인 영성 훈련 방법을 알려 주는 최고의 책으로 꼽는다.

포스터는 「돈, 섹스, 권력」(두란노 역간)으로 우리에게 잘 알려져 있다. 이 책이 영성의 대적과 그 실체를 알려 주고, 앞서 언급한 「영적 훈련과 성장」이 영성 훈련 방법을 밝혀 놓았다면, 「생수의 강」(*Streams of Living Water*, 두란노 역간)은 총 6개의 영성을 추적한다. 여기서 그는 전통이라는 말과 강줄기를 상호 교환한다. 모든 강물의 원천은 예수시다. 기도, 말씀, 성령 충만, 사회 참여 등 다른 영성의 진원지는 예수시다. 모두가 예수를 따르지만, 일부에 지나지 않는다.

그래서 저자는 먼저 교회사에서 각 전통의 영성을 살아낸 대표적인 인물을 소개하고, 이어서 성경의 대표자를, 그리고 현대의 모범적 인물을 제시한다. 마지막으로는 장단점과 함께 구체적인 실천 방안을 제시한다. 예를 들어, 말씀 중심의 신앙에서 꼽은 교회사적 인물은 성 아우구스티누스, 성경에서는 베드로, 현대에서는 빌리 그레이엄(Billy Graham, 1918-2018)이다. 성령 충만의 영성으로 꼽은 인물은 아시시의 성 프란체스코(Saint Francis of Assisi, 1181-1226)와 사도 바울, 현대에서 찾은 모델은 윌리엄 시모어(William J. Seymour, 1870-1922)다. 나라면 순서를 성경에서 교회사, 그다음 현대 인물로 넘어갔을 텐데, 그는 성경을 중심에 두고 양쪽에 교회사적 인물을 배치했다.

헌데, '이 사람을 왜 이 전통에 두었지?'라는 의문이 드는 지점도 있다. '왜 바울이 카리스마 전통이지?' '본회퍼가 왜 사회 정의의 전통이 아니라 성결의 전통에 있는 거지?' 특히 성 프란체스코는 카리스마 전통, 아니 이 여섯 가지 범주에서 다루지 않은 평화와 신비주의 영성에 가까운 것 같다는 의문이 들었다. 저자도 약간의 무리수라는 점을 잘 알고 있다(427쪽), 완벽하지 않다는 점을. 그리고 한 사람의 영성은 무릇 다면적이고 총체적이어서 대표자로 꼽은 이들 안에도, 우리 안에도 여섯 전통 모두가 강물 되어 흐른다.

나의 강줄기를 찾아서

이 책에서 나는 세 가지를 배웠다. 첫째는 영성의 다양성이다. 포스터는 성경과 교회사를 들어 영성이란 단 하나가 아니라 6개임을 설득한다. 게리 토마스(Gary Thomas, 1961-)는 「영성에도 색깔이 있다」(CUP 역간)에서 우리 안에 9개의 영적 기질이 있다고 말한다. 여섯이냐 아홉이냐가 아니라 그만큼 우리가 서로 다른 영성을 지니고 있다는 점이 중요하다.

이는 나와 다른 영성이 있음을 인정하라는 뜻이다. 예컨대, 사회참여의 영성과 성령 충만의 영성은 빛깔이 다르다. 서로를 이해하기가 쉽지 않다. 한 분 하나님이지만, 한 사람은 골방에서, 또 한 사람은 길거리에서 만난다. 그 둘을 조화시킨 본보기가 본회퍼요, 도로시 데이(Dorothy Day, 1897-1980) 정도일 것이다. 좀 더 확대하면, 이 책에서 다루는 모든 인물이 총체적 영성의 사람들이다.

바울 사도가 교회를 설명하는 메타포로 자주 사용한 것은 '몸'이다. 바울은 신자를 몸의 지체라고 하였다. 하나 안에서 다름이라는 말이다. 눈과 코와 입, 그리고 손과 발이 다르지만, 어느 하나도 없어서는 안 된다. 우열도 없다. 어느 하나만 유독 크다면, 외눈박이 괴물과 다를 바 없다. 내가 최고라고 하는 것도, 나는 아무것도 아니라는 자세도, 건강한 몸에 적이다. 나아가 형제의 영성 스타일을 비방하는 것은 주를 비방하는 일이다.

공자는 대인과 소인을 구분하는 기준을 다양성에 대한 존중에서 찾았다. 대인은 서로 달라도 조화와 화해를 이루고, 소인은 오히려 불화한다. 남과 같아지려 하거나 남을 나와 같게 하려고 애쓰면 다툼이 생긴다. 같아지려 하지 않고, 같지 않음을 인정하면 화목해지는 법이다. 화이부동(和而不同)의 자세는 한 몸 된 교회를 하나 되게 하고, 평화가 넘치게 한다. 모두가 다르기에 모두가 다른 방식으로 하나님을 만난다.

그렇다고 모든 것이 가하고 옳다는 것도 아니다. 이 책의 메시지 중 하나는 자신의 영성을 찾으라는 요구다. 영성의 강물이 몇 개든, 내가 마실 우물은 하나다. 내 몸에 맞는 영성을 발견하고 강화해야 한다. 저 강줄기 중 어딘가에 내 영혼의 배를 띄워야 할 줄기가 있고, 내 논에 물을 댈 강물이 있다. 그것을 발견하라. 그리고 심화하라.

나의 영성 스타일을 찾는 데, 게리 토마스의 책은 실제적이다. 자연주의에서 지성주의에 이르는 9가지 빛깔은 내 영혼의 정원을 화사하게 만든다. 각 장 말미에는 영성을 테스트하는 질문이 있다. 책을 천천히 읽고 질문에 답하면, 저자가 말한 대로 “하나님이 설계하신 나의 영성을” 찾는 데 유용하다. 나는 어디에서, 어떤 모습일 때 하나님을 더 사랑하고 그분이 날 사랑한다는 것을 온몸으로 느끼는지 확인해 보라. 그것이 당신 몸에 맞는 맞춤형 영성이다.

마지막으로 내 영성의 약점을 보완하라. 나의 맞춤형 영성을 발견하는 데서 그쳐서는 안 된다. 한 가지 영성의 틀만 고수하면 나중에는 고착된다. 운동선수들은 경기에서 많이 사용하는 주된 근육만이 아니라 잘 사용하지 않는 부분도 단련하기를 게을리하지 않는다.

나의 주된 영성은 말씀 중심이다. 이따금 이러저러한 일에 치여서 경건 생활을 소홀히 하다 보면, 어느 순간 침체기에 빠져든다. 그럴 때 나는 성경을 주야장천 읽거나 큐티에 엄청난 시간을 들인다. 말씀 묵상에 폭 잠기면, 위로부터 오는 은혜가 새벽이슬처럼 내 영혼을 적신다. 마른 잎새가 살아나 푸른빛이 돌듯, 내 영혼에 생기가 돈다. 평상시 묵상으로 다진 영성이기에, 나는 저 방법 외에 다른 길을 알지 못한다.

허나, 저 영성은 외곬으로 지성주의에 빠져들기도 한다. 머리만 커진다고나 할까, 말만 많아진다고나 할까. 암튼, 머리와 내면은 발달하지만, 가슴을 뜨겁게 하는 기도의 능력과 성령의 충만함은 늘 허기진다. 뜨거운 통성 기도와 부흥회로 은혜받고 주님을 영접하였건만, 이제는 너무 멀리, 다른 강가에 서 있다. 해서, 말씀으로 기도하는 방법을 택했다. 묵상할 때, 그냥 읽지 않고, 그 본문을 기도로 바꾸거나, 다른 사람의 이름을 넣어서 중보 기도를 드린다. 되도록 자주 예수의 기도를 바친다. 이렇게 흐트러지고 망가진 내 영성은 균형을 되찾는다.

영이 몸이 되는 일, 영성

영성으로 읽은 고전 독해의 마지막 말이다. 영성은 보이지 않는 것을 눈으로 보고, 손으로 만질 수 있게 하는 어떤 것이다. 영이 몸이 되는 일이다. 영성 고전 읽기의 마지막 말은 이것이다. "다양한 영성이 있음을 인정하라! 내 몸에 맞는 나만의 영성에 집중하라! 나와 다른 영성, 내가 약한 영성을 훈련하여 단점을 보완하라!" 몇 개월 후, 몇 년 후, 그대의 얼굴을 본 친구에게서 이런 말을 듣기를 바란다. "너, 뭔가 달라졌는데? 참, 좋아 보여. 무슨 일 있니? 뭘 한 거야?"

말씀이 육신이 되어 우리 가운데 거하시매

초판 발행 2023년 2월 25일
초판 2쇄 2023년 4월 20일
지은이 김기현
발행인 손창남
발행처 (주)죠이북스(등록 2022. 12. 27. 제2022-000070호)
주소 02576 서울시 동대문구 왕산로19바길 33, 1층
전화 (02) 925-0451 (대표 전화)
(02) 929-3655 (영업팀)
팩스 (02) 923-3016
인쇄소 송현문화
판권소유 ©(주)죠이북스
ISBN 979-11-981996-2-1 03230

책값은 뒤표지에 있습니다.
잘못된 도서는 교환하여 드립니다.
이 책 내용을 허락 없이 옮겨 사용할 수 없습니다.